ストウブで無水調理 魚介

食材の水分を使う調理法／旨みが凝縮した魚のおかず

大橋由香

誠文堂新光社

はじめに

「難しそう」「面倒」「臭いが気になる」などの理由で敬遠されがちな魚料理。ですが、実は魚は加熱時間が短く済むので、時短料理にぴったりの食材なのです。さらに、無水調理のできるストウブで調理をすれば、水を加える必要がないので調味料が少なく済み、短時間でふっくらとしたおいしい料理がとても簡単に完成します。冒頭の「ノンアクアパッツァ」は、本来、水や白ワインを加える料理ですが、この本では無水で作るポイントを交えて簡単かつおいしく作れるよう工夫しました。材料や味付けを変えたアレンジレシピもたくさん掲載しましたので、普段のごはんやおもてなし料理に活用してみてください。

…と言いつつ、子どもたちには魚料理より肉料理が人気なので、お子さまがいるご家庭の食卓にはなかなか魚があがりにくいかもしれません。

そんな時は調理法や魚の種類で一工夫。わが家の場合、魚料理の中でも比較的食べやすい揚げ物を出すと子どもも喜んで食べてくれます。まずは骨のない切り身魚（鮭やかじきなど）の揚げ物や炒め物からチャレンジすれば、子どもたちも食べやすいと思います。お気に入りの味付けが見つかれば、レシピの魚を違う種類に変えてもおいしく作れますので、ぜひ挑戦してみてください。

また、魚には旬があるので、季節ごとに旬の魚を提供することが食育につながります。「もう、さんまが出てきたね」「ぶりに脂がのってきたね」など、食卓での何気ない会話も、子どもたちの食の知識を培う大切な要素となります。

週に何度か魚料理が食べられ、皆さまの食卓にもっと魚料理が登場しますよう、気軽に作れるレシピをたくさん考えました。さっと煮る、ことこと煮る、パパッと炒める…など、その時々の都合や体調に合わせた調理法で、旬の魚の無水料理を味わい、楽しんでみてください。

大橋由香

無水調理とは、水を加えずに調理をすること。

野菜や魚などの食材が持つ水分を使って、煮込みや蒸し調理を行います。

味付け

食材 ＋ 塩 → 食材の旨みが凝縮

☞ 調味料が少量で済む

塩を加え、蓋をして加熱することで、野菜や魚に含まれる水分がたくさん出てきます。この水分には食材の旨みがたっぷり。この水分を煮汁やだしがわりにして調理することで、シンプルな味付けでも深い味わいになります。また、新たな水分を加えていないので、少ない調味料でも味がしっかり決まります。

調理法

中火 → 極弱火 → 放置（余熱調理）

☞ 中まで味がしみ込む

煮込み調理の場合、中火で調理→蓋をする→蓋の隙間から蒸気が出たら極弱火にして指定時間加熱します。この時、鍋の中では食材から出た旨みたっぷりの水分が水蒸気になり対流。蓋裏のピコをつたって、水滴となって食材に降り注ぎ、食材の中まで味がしみ渡ります。

☞ 煮崩れない＆光熱費節約

厚みがあるストウブは、保温性が高く鍋の中の温度が下がりにくいのが特徴。ある程度加熱した後に放置すると、その間も余熱で調理が進められるので、食材が崩れず火を通すことができます。光熱費の節約にもつながり、他の作業をするなど時間が有効活用できるのもうれしい利点です。

詳しい調理の手順は次のページへ☞

staubの特徴

無水調理ができるストウブには、
他の鍋にはないさまざまな特徴があります。

つまみ 耐熱性があるので高温調理が可能。250℃まで加熱でき、蓋をしたままオーブンに入れられる。

蓋 重たく密閉性が高いので水蒸気が逃げにくい。実験により保水力の高さが証明されている。

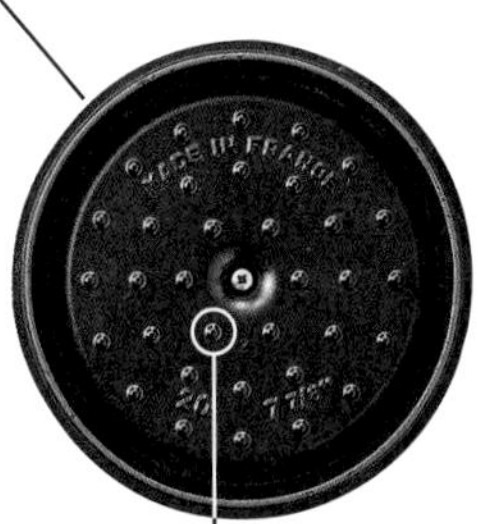

鋳物《いもの》ホーロー鍋

厚手で保温性が高く、熱伝導に優れている。均一に熱が伝わり、温度が上がると冷めにくいので、弱火や低温での調理が得意。

エマイユ(ホーロー)加工

外側に液状のガラスを2〜3層吹き付けることで、より耐久性や耐熱性に優れた製品に。カラーバリエーションも豊富に揃う。

黒マット・エマイユ加工

内側の表面は凹凸のあるざらざらとした手触り。この加工によって油なじみがよくなり、こびりつきや匂いうつりを防ぐ。

ピコ

食材から出た水分を水滴に変える重要な部分。旨みを含んだ水滴がピコから食材に降り注ぎ、料理がふっくらジューシーに仕上がる。

無水調理の流れ

無水調理で煮込む際の基本的な手順です。より簡単に調理するため、材料を入れてから火にかけるレシピもあります。魚介類は短時間で火が通るため、以下の工程よりも手順と調理時間が短くなります。

☞ 蒸気を出すためのポイント

◎ 浸透圧で水分を出すため、蓋をする前に調味料(塩、しょうゆなど)を入れます。

◎ 20㎝ラウンドの場合、適切な火加減にすると蓋をしてから5〜10分ほどで蒸気が出ます。

※中に入れる食材の量、食材の水分、室温、火加減によって蒸気が出るまでの時間が変わります。

◎ 蒸気が出る前は、つまみが熱くなります。なかなか蒸気が出ない時は、つまみを触って熱くなっているか確認してみてください。熱くなっていれば、もう少し我慢すれば出てきます。

◎ 極弱火にした後は、蓋を開けずストウブに調理を任せましょう。中の様子が気になる場合は開けてもよいですが、その場合はもう一度蓋をし、中火にして蒸気を出してから再度極弱火にすることで、その後の調理がスムーズに続けられます。

◎ 鍋底の焦げつきが気になる場合は、蒸気が出た後に蓋を開け、木べらで鍋底からはがすようにこすると焦げつき防止になります。

❶ 油を入れ、食材を焼きつける

火加減
ガス…中火
IH…4〜5

鍋に油を中火で熱し、食材を順番に入れていきます。まず、一番下に入れる食材(玉ねぎなど水分と旨みが出やすい食材)に焼き目をつけます。焼き目をつけることで水分と旨みが出やすくなり、煮汁に深みが加わります。すべての切り口に焼き目をつけるとおいしく仕上がります。その上に魚、きのこなどの食材を重ねて入れます。

❷ 調味料を入れ蓋をする

火加減
ガス…中火
IH…4〜5

すべての食材を入れたら、その上から塩などの調味料を入れ、すぐに蓋をします。塩分を加えて加熱することで、浸透圧により食材の水分が外に出てきます。調味料は、最初は分量通り入れ、慣れてきたら好みの量にするなど調節してください。

☞ 鍋の中では…

浸透圧によって、塩をふった食材から旨みを含んだ水分がたくさん出てきます。水分は蒸気に変わって鍋の中で対流し、蓋の裏の突起(ピコ)をつたって水滴となり、食材に降り注ぎます。蒸気が鍋の中に充満し、圧力が最高潮に達した時、鍋の隙間からうっすらと蒸気が漏れ出てきます。

❸ 蓋の隙間から蒸気が出たら極弱火にする

火加減
ガス…極弱火
IH…2〜3

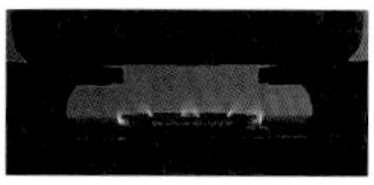

蓋の隙間からうっすらと蒸気が出てきたところで火を弱めます。火加減は一番小さな火力(極弱火)にしてください。極弱火にすることで鍋の中の蒸気が対流し、一定の温度で調理が進みます。3口コンロの場合は奥にある小さな口を使用してください。

火を弱めることで蒸気が止まり、鍋の中でうまく対流します。火力は弱くなりますが、❸と同様に調理が続いている状態です。途中で蓋を開けると、旨みを含んだ蒸気が逃げてしまうので注意。開けてしまった場合は、蓋をしてもう一度中火で加熱し、蒸気を出してから極弱火にしてください。

❹ 指定時間煮込む

火加減
ガス…極弱火
IH…2〜3

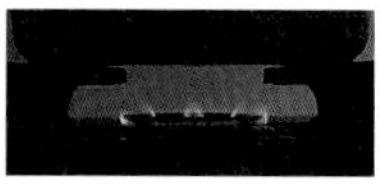

極弱火にした後、レシピごとに指定された時間加熱します。最小の火加減にしますが、鍋の中は高い温度で加熱が続く状態になっているので、引き続き煮込みを続けられます。長時間加熱する場合は、タイマーをセットすれば時間を気にせず別の作業ができます。

放置している間は、鍋の中の対流が落ち着き、鍋の余熱で調理が進みます。引き続き蓋から降り注ぐ水滴に浸かることで、さらに食材に味がしみ込んでいきます。放置時間は好みですが、できれば鍋が冷めるまで置くとよりおいしく仕上がります。

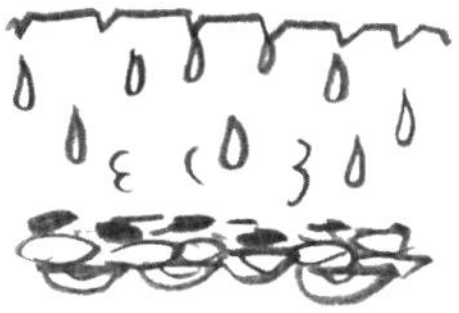

❺ 火を止めて放置(余熱調理)する

火加減
止める

鍋の厚みと保温性の高さにより、火を止めた後も一定の温度で調理を続けることができます。火を止めても調理は進むので、光熱費の節約になり、火加減を心配する必要がありません。一定の放置時間を経て、できあがり。食べる際は好みに応じて再度温めてください。

※レシピによって、調理手順が上記とは異なることがあります。

鍋の種類と特徴

さまざまな種類やサイズがあるストウブ。どの鍋がどんな料理に向いているか、食材や調理方法と共に、本書で使用している3種類の鍋の特徴を紹介します。

20cm

（カンパーニュ）

14cm

（ブラック）

ピコ・ココット ラウンド

使いやすい定番の形で、煮込み調理や揚げ物、焼き物、炊飯などあらゆる調理に向いているオールマイティな鍋です。本書で多用している20cmは、たっぷり2人分～軽い4人分の分量が目安。無水調理は食材を鍋の半分以上入れる必要があるので、大きい鍋を使うとその分食材量が多くなります。14～16cmの小さい鍋は熱回りが早いので、短時間で作り食卓にそのまま出したい副菜などの調理に使うと便利です。

23cm

（グランブルー）

ピコ・ココット オーバル

ラウンド同様に使いやすい定番の形。20cmラウンドと23cmオーバルの容量はあまり変わらないので、長い食材を入れる際は鍋のスペースを無駄なく使えるオーバルが便利。見た目よりスリムで、食卓にそのまま出しても圧迫感がありません。丸ごとの魚、細長いブロック肉、とうもろこしなどの細長い野菜などの調理に適しています。23cmオーバルは20cmラウンドのレシピと同様のレシピを使えますが、米を炊く際は炊きむらができるので、さけた方がよいでしょう。

24cm

（グレー）

ブレイザー ソテーパン

浅いつくりのブレイザーは、同じ口径の24cmラウンドよりも熱回りが早いのが特徴。土鍋やフライパン代わりとしても使え、焼き付けも上手にできるので、短時間で火を通したい魚料理に向いています。浅く取り分けやすいので、食卓に上げるすき焼きや鍋料理、ノンアクアパッツァやパエリアのようなおもてなし料理にも最適。口径が広く均等に調味料が浸かり、食材を混ぜる手間がいらず、煮崩れも防げます。

この本で使う 主な魚介類

本書では通年手に入りやすい魚介を使っています。切り身は別の魚でも代用できるので、店頭にない場合は好みの種類を使ってください。

あさり

旨みと塩気を含んだ、一年を通して購入できる食材。魚と一緒に蒸すと身がふんわりと仕上がり、殻を一緒に入れることでさらにだしが出ます。

☞ 下処理の仕方
バットに重ならないように広げ、濃い目の塩水（目安3%）をひたひたになる程度入れて2～3時間置く。殻と殻をこすり合わせるようにして洗い、水けを切る。

さば

洋食でも和食でも使いやすい魚。水分が抜けている塩さばは旨みが凝縮して日持ちがします。生さばはいたみやすいのでその日中に使いきってください。脂がのっていない時期は、みそ煮などの濃いめの味付けや粉をつけて焼くのがおすすめです。
【分量の目安】塩さば…約120g／1枚（半身）、生さば…約300g／1尾

ぶり

一年中手に入りやすいですが、特に冬は脂がのっておいしいです。加熱しすぎるとパサつくので、短時間で火を通してください。血合いに臭みがあるので、あらを使う場合は熱湯をかけてしっかり洗い流しましょう。
【分量の目安】切り身…約80g／1切れ

鮭

通年手に入りやすく調理しやすいので魚介調理初心者におすすめ。脂がのっていない鮭は、甘酒やみそに漬けたりちゃんちゃん焼きのような濃いめのたれと合わせるとおいしくなります。甘塩鮭のレシピに生鮭を使う場合は塩の分量を調節してください。
【分量の目安】生鮭の切り身、甘塩鮭の切り身…約80g／1切れ

あじ

短時間で火を通せば身がふわっと仕上がり、揚げ物にすればジューシーに。味にくせがないので和洋中さまざまな料理に使えます。身が薄い場合は衣を付けたり具やソースをまとわせるとボリュームが出ます。
【分量の目安】3枚におろしたもの…約40g／1枚（半身）、背開き…約80g／1尾

たら

火を通しすぎると煮崩れするので短時間で調理します。甘塩たらを生たらで代用する場合は塩の分量を調節してください。※銀だらはたらではありません。
【分量の目安】甘塩たら…約80g／1切れ

いか

さっと火を通すか、じっくりコトコト煮込めば柔らかく仕上がります。中途半端に煮込むと固くなるので、調理時間はどちらかに（たこも同様）。味がしみやすく旨みがあるので、ご飯と一緒に炊くと美味。※わたを使う料理はするめいかを使ってください。
【分量の目安】するめいか…小：約150g、大：約200g／1ぱい

☞ 下処理の仕方
胴と足のつながっている部分を指ではずし、わたを破らないように内臓ごと足を引き抜く。軟骨を引き抜き、足は内臓を切り落としてくちばしを取り、吸盤を取るように洗う。

えび

煮込み調理は殻ごと焼き付けてから煮込むと香ばしく仕上がり、頭付きを使うとさらにだしと旨みが出やすくなります。尾に水分が多く含まれているので、揚げる際は先を切って水をしごき出し、水けをよく拭いてください。
【分量の目安】有頭えび（殻付き・ブラックタイガーなど）…約50g／1尾、むきえび…約15g／1尾

さんま

塩焼きばかりでマンネリしがちな魚ですが、アイデア次第でレシピのバリエーションが増えます。鍋底に皮がつきやすいので、加熱前に油やクッキングシートを敷くと安心。解凍さんまなら通年手に入ります。
【分量の目安】約150g／1尾

かじき

小骨が少ないので食べやすく、淡白な味なので味付けのアレンジがしやすい魚です。厚みがある切り身はメイン料理にもなり、満足感が得やすく、粉を付ければ水分が逃げないので、パサつかずふんわりしっとりと仕上がります。
【分量の目安】切り身…約100g／1切れ

目次

◎短時間調理

◎焼き調理

クッキングシートを使って

アルミホイルを使って

◎この本の決まりごと

- レシピ中の大さじ1は15mℓ、小さじ1は5mℓ、1カップは200mℓ、いずれもすりきりです。
- 分量外で調味料が必要な場合は（　）の中に分量を記載しています。
- 塩は天然海塩を使用しています。精製塩は塩辛くなるので、分量に注意してください。
- アレンジレシピの分量は、お好みで調節してください。

使用する鍋の種類とサイズは以下のように記載しています。

ピコ・ココット ラウンド　　ブレイザー ソテーパン

- きのこは石づきをとり、洗わずに使います。汚れが気になる場合はふき取ってください。
- バターは有塩を使っています。無塩バターでも作れます。
- 煮込む際の火加減は、特に記載がない場合は極弱火です。
- 表示している調理時間はおおよその目安です。調理する器具や環境により変わりますので、様子を見ながら加減してください。
- 冷蔵の保存期間は目安です。なるべく早めに食べきるようにしてください。
- 鍋の大きさと使う際の注意事項は表紙の表裏に記載しています。

☞ 本文中のあさりといかの下処理の仕方は、p.7を参照してください。

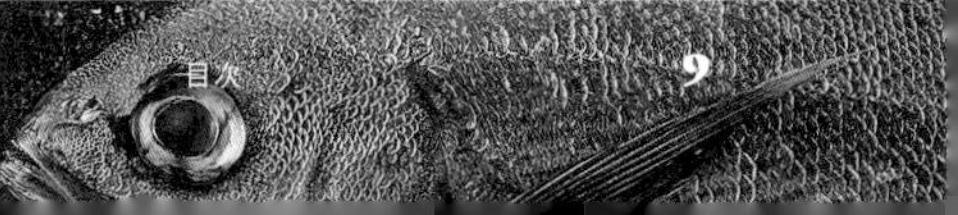

作り始めてすぐに完成する

短時間調理

身がかたくなったり、パサつきがちな魚介料理も
短時間で調理をすればふっくらとした食感に。
作り始めてからすぐに食べられるので
忙しい日の調理に重宝します。

staub recipe 1 ノンアクアパッツァ

短い調理時間で、野菜も魚もふんわり仕上がる、
魚介の無水調理を代表する一品。
難しいと思われがちな魚料理が簡単に作れ、
〆の料理まで楽しめる万能レシピです。
ケッパーを入れると味がしまるので忘れずに。

staub 24cm

[材料：4人分]

魚の切り身（鯛など）	4切れ
あさり（殻付き・砂抜きしたもの）	300g
トマト	1個
セロリ	1本
にんにく	1かけ
ケッパー	大さじ1
オリーブ	8個
オリーブ油	大さじ1
エキストラバージンオリーブ油	大さじ1
塩	小さじ1

20cmラウンドの場合

[材料：2人分]

魚の切り身（鯛など）	2切れ
あさり（殻付き・砂抜きしたもの）	150g
トマト	1/2個
セロリ	1/2本
にんにく	1/2かけ
ケッパー	大さじ1/2
オリーブ	4個
オリーブ油	大さじ1/2
エキストラバージンオリーブ油	大さじ1/2
塩	小さじ1/2

1 あさりは下処理をする。魚に塩をふる。トマトは2cm角に、セロリは斜め薄切りに、にんにくはみじん切りにする。

2 鍋にオリーブ油、にんにくを入れて弱火にかける。香りが出たらあさりを入れて中火にし、セロリを入れて軽く混ぜる。

3 魚をのせ、周りにトマト、ケッパー、オリーブを入れ、すぐに蓋をする。

☞ 食材は鍋の半分以上（7～8分目まで）入れる。

☞ 蓋をした後は中の様子が気になっても途中で開けない。

4 蓋の隙間から蒸気が出たら、極弱火にして3分ほど加熱する。仕上げにエキストラバージンオリーブ油をかける。

☞ 中火でも火力が弱い場合は、鍋が温まらないので蒸気が出ない。中火の目安はp.4参照。

☞ 極弱火にした後も蓋の隙間から蒸気が出ているようならまだ火力が強い。ピタッと止まるくらいまで火力を弱める。

☞ p.16にアレンジレシピあり

staub recipe 2 魚介の酒蒸し

ノンアクアパッツァを和風にアレンジしました。
あさりのだしをしっかり吸った魚に
白髪ねぎと煮込んだねぎを絡めてめしあがれ。

staub 20cm

[材料 :2人分]

白身魚の切り身(さわら、鯛など)……2切れ
あさり(殻付き・砂抜きしたもの)……200g
長ねぎ……2本
酒……大さじ2
塩……小さじ1/2

1 長ねぎは1本を斜め薄切りに、もう1本の白い部分は白髪ねぎに、残りは斜め薄切りにする。あさりは下処理をする。魚は塩をふる。

2 鍋に斜め薄切りにした長ねぎを入れる。魚をのせ、あさりを周りに入れるⓐ。酒をふり、蓋をして中火にかける。

3 蓋の隙間から蒸気が出たら、極弱火にして3分ほど加熱する。器に盛り、白髪ねぎをのせる。

ⓐ

☞ p.16にアレンジレシピあり

エスニック風にアレンジ

staub recipe 3 エスニック蒸し

野菜がたくさん食べられるレシピです。
キャベツや長ねぎなど好みの野菜をプラスしたり、
レモンを絞ればさわやかな一皿に。

staub 20cm

[材料：2人分]

白身魚の切り身（金目鯛など）…… 2切れ
セロリ…… 1本
にんじん…… 1/2本
パクチー…… 適量
ナンプラー…… 大さじ2
オリーブ油…… 大さじ1

1 セロリとにんじんは5cm長さのせん切りに、パクチーは2cm長さに切る。

2 鍋にオリーブ油を中火で熱し、セロリ、にんじんを入れて軽く炒める。魚をのせⓐ、ナンプラーをふり蓋をする。

3 蓋の隙間から蒸気が出たら、極弱火にして3分ほど加熱する。器に盛り、パクチーをのせる。

ⓐ

☞ p.16にアレンジレシピあり

staub recipe 4 いさきと豆苗の蒸し煮

魚を丸ごと蒸すと、骨の周りから旨みがしみ出て
深い味わいになります。あじなどの切り身もおすすめ。
とろみのついた煮汁と共に味わってください。

staub 23cm

[材料 :2人分]

いさき	1尾※
えのきだけ	1袋（約200g）
豆苗	1袋
しょうが	1かけ
ごま油	大さじ1
塩	小さじ1/2

※体長約25㎝、重さ約250gを使用。

1 いさきは内臓とうろこを取り、片面（上になる面）の腹に十字の切り込みを入れて塩をふる。えのきだけは石づきをとり、半分の長さに切ってほぐす。豆苗は根を切り落とし、長さを2〜3等分に切る。しょうがはみじん切りにする。

2 鍋にごま油、しょうがを入れて弱火にかける。香りが出たら中火にし、えのきだけを入れてひと混ぜする。切り込みを入れた面を上にしていさきを入れⓐ、蓋をする。

3 蓋の隙間から蒸気が出たら、極弱火にして10分ほど加熱する。火を止めて豆苗を入れ、蓋をして余熱で1分ほど置く。

ⓐ

staub recipe **5**

あさりきのこバター

あさりとしめじの旨みを含んだ汁は絶品。
えのきだけ、エリンギ、しいたけ、マッシュルームなど、
好みのきのこを加えても。舞茸を入れると汁が黒っぽくなります。

staub 20cm

[材料：4人分]

あさり（殻付き・砂抜きしたもの）……600g
しめじ……1袋（約160g）
にんにく……1かけ
小ねぎ（小口切り）……適量
バター……30g
しょうゆ……大さじ1
オリーブ油……大さじ1

1 あさりは下処理をする。しめじは石づきをとりほぐす。にんにくはみじん切りにする。

2 鍋にオリーブ油、バター、にんにくを入れて中火で熱し、バターが溶けたらあさり、しめじを入れⓐ、しょうゆをかけて蓋をする。

3 蓋の隙間から蒸気が出たら、極弱火にして3分ほど加熱する。器に盛り、小ねぎを散らす。

ⓐ

☞ p.16、89にアレンジレシピあり

残った煮汁で〆料理

食材の旨みをたっぷり含んだ煮汁でもう一品。
p.10～15の料理で出る煮汁を使った、〆の一皿をぜひお試しください。

ノンアクアパッツァの煮汁を使って

staub recipe 6

魚介パスタ

残った煮汁とパスタをあえるだけ。
残しておいた具を加えればボリュームアップします。

[材料：2人分]
ノンアクアパッツァの煮汁（p.10参照）……半量（約75mℓ）
ノンアクアパッツァの具（p.10参照）……お好みの量
スパゲティ……160g

煮汁と具を鍋に入れて中火で熱し、沸騰したら固めにゆでたスパゲティを入れる。1分ほど温め、塩こしょう（分量外）で味を調える。

魚介の酒蒸しの煮汁を使って

staub recipe 7

雑炊

魚の旨みを吸ったご飯とふんわり卵の組み合わせ。
お好みでねぎやごまを加えれば味に変化が出ます。

[材料：2人分]
魚介の酒蒸しの煮汁（p.12参照）……半量（約45mℓ）
冷やご飯……茶碗1杯分（約150g）
水……100mℓ
溶き卵……1個分
三つ葉……適量

冷やご飯は水で洗い水けをきる。煮汁と分量の水を小鍋に入れて中火で熱し、沸騰したらご飯を入れる。再び沸騰したら、溶き卵を入れて混ぜる。塩（分量外）で味を調え、器に盛り三つ葉を飾る。

エスニック蒸しの煮汁を使って

staub recipe 8

エスニックラーメン

〆に食べたいラーメンが、煮汁を使えばすぐに作れます。中華麺はフォーに変えても。

[材料：2人分]
エスニック蒸しの煮汁（p.13参照）……全量（約75mℓ）
中華麺……2玉
水……200mℓ

煮汁と分量の水を小鍋に入れて中火で熱し、沸騰したら塩（分量外）で味を調えてスープを作る。ゆでた中華麺を器に入れ、スープをかける。お好みで水菜（分量外）などの野菜をのせても。

あさりきのこバターの煮汁を使って

staub recipe 9

リゾット

あさりときのこの旨みがたっぷり。煮汁は、リゾットはもちろん、パスタソースにしてもおいしい。

[材料：2人分]
あさりきのこバターの煮汁（p.15参照）‥半量（約100mℓ）
あさりきのこバターの具（p.15参照）……適量
冷やご飯……茶碗1杯分（約150g）
パルミジャーノレッジャーノ……適量

煮汁と具を小鍋に入れて中火で熱し、沸騰したら冷やご飯を入れてさっと混ぜる。器に盛り、パルミジャーノレッジャーノをふる。

staub recipe **10**

海鮮蒸し鍋

staub 24cm

短時間で作れる、豪華で華やかな見た目の鍋。
水分がたくさん出るので、残った煮汁で雑炊などを作れば二度おいしい。
トマトを入れると洋風に、ごま油やポン酢をかければ、
中華風や和風の味わいが楽しめます。

[材料 :4人分]

たこ	200g
帆立貝柱（刺身用）	8個
有頭えび（殻付き）	4尾
白菜	1/8株
生しいたけ	4個
水菜	2株
焼き豆腐	1丁
塩	小さじ1/2

1 たこは食べやすい大きさに切る。白菜は3cmの角切りに、しいたけは半割に、水菜は3cm長さに切る。豆腐は縦半分に切ってから2cm厚さに切るⓐ。

2 鍋に白菜を敷き塩をふる。たこ、帆立、えび、しいたけ、豆腐をのせ、蓋をして中火にかける。

ⓐ

3 蓋の隙間から蒸気が出たら、極弱火にして3分ほど加熱する。食べる直前に水菜をのせる。

STAUB

staub recipe 11 クラムチャウダー

staub 20cm

調味料は塩だけ。コンソメを入れなくても味がしっかり決まります。
アスパラガス、ブロッコリー、きのこ類などを入れても。
じゃがいもが入っているので、自然にとろみがつきます。
牛乳を豆乳に替える場合は、沸騰直前で火を止めてください。

[材料：4人分]
あさり（殻付き・砂抜きしたもの）……300g
ベーコンの薄切り……50g
玉ねぎ……1個
にんじん……1/2本
じゃがいも……1個
牛乳……40mℓ
オリーブ油……大さじ1
塩……小さじ1/2

1 あさりは下処理をする。玉ねぎ、にんじん、じゃがいもは1cm角に切る。ベーコンは1cm幅に切るⓐ。
2 鍋にオリーブ油を中火で熱し、玉ねぎ、にんじん、ベーコンを入れ、玉ねぎがしんなりするまで炒める。
3 あさり、じゃがいも、塩を入れてひと混ぜしⓑ、蓋をする。
4 蓋の隙間から蒸気が出たら、極弱火にして10分ほど加熱する。牛乳を入れ、塩（分量外）で味を調える。

ⓐ

ⓑ

クラムチャウダーをアレンジ

staub recipe 12 マカロニグラタン

クラムチャウダーにマカロニを加えれば、ゆでる手間いらず。
こんがりとしたチーズの焼き目でおいしさも倍増。
マカロニをご飯に変えるとドリアになります。

[材料：2人分]
クラムチャウダー（上記参照）
……できあがりの半量
グラタン用マカロニ……50g
ピザ用チーズ……30g

クラムチャウダーはあさりの殻を除き、小鍋に入れる。マカロニを入れて中火にかける。沸騰したら弱火にし、時々混ぜながらマカロニが柔らかくなるまで10分ほど加熱する。耐熱皿に入れてチーズをのせ、トースターやグリルで焼き目がつくまでこんがりと焼く。

staub recipe 13 ぶりの煮付け

短時間で作れる、和食を代表する簡単レシピ。
脂がのっている季節の魚は煮付けに、
脂が少ない時は照り焼き（p.22参照）にするのがおすすめ。
お好みで葉もの野菜を加えると魚と野菜が一緒にとれます。

staub 24cm

[材料：4人分]

ぶりの切り身	4切れ
しょうが	1かけ
しょうゆ	大さじ2
みりん	大さじ2

20cmラウンドの場合

[材料：2人分]

ぶりの切り身	2切れ
しょうが	1/2かけ
しょうゆ	大さじ1
みりん	大さじ1

1 しょうがは薄切りにする。

2 鍋にしょうゆ、みりん、1を入れて中火にかける。沸騰したらぶりを入れ、蓋をする。

3 蓋の隙間から蒸気が出たら、極弱火にして3分ほど加熱する。

4 ぶりを裏返して中火にし、蓋を開けたまま煮汁にとろみがつくまで2分ほど加熱する。

煮付け調理のポイント

- 煮汁が沸騰しているところに魚を入れると生臭くならない。
- 魚は煮すぎると身が固くなる。ふんわりと仕上げるためには短時間で火を通すことが大切。

材料を変えてアレンジ

staub recipe 14 銀だらの煮付け

ぶりの煮付けと同じ調理方法で身がふっくら。
火を通しすぎず、短時間で仕上げてください。

staub 20cm

[材料：2人分]

銀だらの切り身…………2切れ（約150g／1切れ）
しょうが……………………1かけ
しょうゆ……………………大さじ2
みりん………………………大さじ2

ぶりの煮付け（上記参照）と同様に調理する。

調理法を変えてアレンジ

staub recipe 15 ぶりの照り焼き

ぶりを使った、ご飯によく合うおかずをもう一品。
片栗粉をまぶすことで、下味を付けなくてもたれがよく絡み、
こんがり香ばしさを感じる仕上がりになります。

staub 20cm

［材料：2人分］

ぶりの切り身……2切れ
A
　しょうゆ……大さじ2
　みりん……大さじ2
　酒……大さじ1
片栗粉……大さじ1
オリーブ油……大さじ1
ししとう……4本

1 ぶりは両面に片栗粉をまぶす。Aは混ぜておく。

2 鍋にオリーブ油を中火で熱し、薄く煙が出たらぶりを入れる。2分ほど焼いて軽く焼き色がついたら裏返しⓐ、Aを入れてすぐに蓋をする。

3 蓋の隙間から蒸気が出たら、ししとうを入れる。極弱火にして煮汁を絡めながら3分ほど加熱する。

ⓐ

staub recipe 16

さばみそ

staub 20cm

さっと火を通すだけの短時間調理でも、
ストウブならしっかり味がしみて、
煮崩れせずに完成します。
みそは香りが飛ばないよう最後に加えましょう。
24㎝ブレイザーでも作れます。

［材料：4人分］

生さば（半身）……2枚
しょうが……1かけ
酒……大さじ2
しょうゆ……大さじ1
砂糖……大さじ1
みそ……大さじ1.5

1 さばは半分の長さに切り、ざるに入れて両面に熱湯をかけⓐ、流水でよごれや血合いを取る。しょうがは薄切りにする。
2 鍋に酒、しょうゆ、砂糖、しょうがを入れて中火で熱し、沸騰したらさばを入れて蓋をする。
3 蓋の隙間から蒸気が出たら、極弱火にして5分ほど加熱する。みそを溶き入れ、とろみがつくまで中火で5分ほど混ぜながら煮詰める。

ⓐ

staub recipe

17 春雨サラダ

ヤムウンセン（タイの春雨サラダ）風のサラダです。
食材の水分で春雨が戻るので、ゆでる必要がありません。
紫玉ねぎは普通の玉ねぎでもOK。
いか、帆立、戻した切り干し大根などを入れてもおいしく仕上がります。

staub 20cm

[材料：4人分]

むきえび……200g
セロリ……1/2本
紫玉ねぎ……1/2個
赤パプリカ……1個
しょうが……1かけ
レモン……1個
赤唐辛子……1本
春雨……40g
ナンプラー……大さじ2

1 セロリは斜め薄切りに、紫玉ねぎは繊維にそって薄切りに、パプリカは5㎜幅に切る。しょうがはみじん切りにする。赤唐辛子は種を除くⓐ。春雨はぬるま湯にさっとくぐらせてほぐす。

2 鍋にしょうが、赤唐辛子、セロリ、紫玉ねぎ、春雨、えび、パプリカの順に入れるⓑ。ナンプラーを入れ、蓋をして中火にかける。

3 蓋の隙間から蒸気が出たら、極弱火にして10分ほど加熱する。春雨が柔らかくなっていれば火を止める。レモンを絞り、お好みでパクチー（分量外・適量）を和える。

ⓐ

ⓑ

14cmラウンドでアレンジ

小さめの鍋で作って食卓にそのまま出す場合は、
食材の分量を半分にしてください。
作り方は20㎝ラウンドと同様です。

staub 14cm

[材料：2人分]

むきえび……100g
セロリ……1/4本
紫玉ねぎ……1/4個
赤パプリカ……1/2個
しょうが……1/2かけ
レモン……1/2個
赤唐辛子……1/2本
春雨……20g
ナンプラー……大さじ1

staub recipe 18 えびシュウマイ

細く切ったシュウマイの皮を丸めたひき肉にまとわせる、
シュウマイの皮を残さず使い切る万能レシピです。
鍋底の焦げつき防止の役割を果たす白菜は、キャベツやレタスでも作れます。
シュウマイに絡めて一緒に食べてください。

staub 24cm

[材料：4人分]

むきえび	200g
豚ひき肉	250g
玉ねぎ	1/2個
白菜	1/8株
シュウマイの皮	30枚
片栗粉	大さじ2
しょうゆ	大さじ1
ごま油	小さじ2
塩	小さじ1/2

1 えびは洗ってペーパータオルなどで水けを拭き、1cm長さに切る。玉ねぎはみじん切りに、白菜は3cmのざく切りにする。シュウマイの皮はすべて5mm幅に切る。

2 ボウルにえび、豚肉、玉ねぎ、ごま油、しょうゆ、塩、片栗粉を入れてよく練り、たねを作る。1のシュウマイの皮をまな板に半量敷き、16等分にしたたねを1つずつ丸めて置く。残りの皮を上から散らし、たねに皮をまとわせながらころころと手で丸めるⓐ。

3 鍋に白菜を入れて塩（分量外・少々）をふり、蓋をして中火にかける。蓋の隙間から蒸気が出たら、ひと混ぜして白菜の上に2を並べⓑ、蓋をする。

4 蓋の隙間から蒸気が出たら、極弱火にして10分ほど加熱する。お好みでからし（分量外・適量）をのせる。

staub recipe 19 かじきのしょうが焼き

かじき料理のレパートリーに加えたいほど簡単に作れる一品。
冷めてもおいしいので弁当のおかずにもぴったりです。
かじきを鮭や別の魚に変えてもおいしい。

staub 20cm

[材料：2人分]

かじきの切り身	2切れ
玉ねぎ	1個
アスパラガス	4本
しょうが	1かけ
薄力粉	大さじ1
しょうゆ	大さじ2
みりん	大さじ2
オリーブ油	大さじ1
塩	小さじ1/2

1 かじきは塩をふり、薄力粉をまぶす。玉ねぎは縦半分に切ってから1cm幅に切る。アスパラガスは5cm長さに切り、固い部分を切り落とす。しょうがはすりおろす。

2 鍋にオリーブ油を中火で熱し、薄く煙が出たらかじきを入れる。焼き目がついたらかじきを裏返し、玉ねぎとアスパラガスをのせⓐ、しょうゆ、みりん、しょうがを入れて蓋をする。

3 蓋の隙間から蒸気が出たら、極弱火にして3分ほど加熱する。

ⓐ

staub recipe 20 さばゴーヤーチャンプルー

火が通りやすいので肉より手軽に作れ、
短時間で完成するので卵がふわふわに。
さばは大きめにつぶすと食べ応えが増します。

staub 20cm

[材料：4人分]

さばの水煮缶詰
……………1缶（缶汁を切って約120g）
ゴーヤー（にがうり）……1本（約200g）
玉ねぎ……………………1個
にんじん…………………1/2本
卵…………………………2個
しょうゆ…………………大さじ2
オリーブ油………………大さじ1

1 さばは缶汁を切る。ゴーヤーは縦半分に切り、わたと種を除いて1cm幅に切る。玉ねぎは繊維にそって薄切りに、にんじんはせん切りにする。卵は溶いておく。

2 鍋にオリーブ油を中火で熱し、玉ねぎ、にんじん、さば、ゴーヤーの順に入れる。しょうゆを入れてひと混ぜし、蓋をする。

3 蓋の隙間から蒸気が出たら、さばを軽くつぶしながら卵を入れ、火が通るまで混ぜるⓐ。

ⓐ

staub recipe 21 しらすの厚焼き卵

フライパンで作るのが難しい厚焼き卵も、
小さめストウブを使えば、調理中に手を加えずにあっという間に完成します。
ふっくらとした厚みがあるので食べ応えも十分。
だしをとらなくても作れるレシピです。

staub 14cm

［材料：4人分］

しらす……30g
卵……4個
A
　しょうゆ……大さじ1/2
　みりん……大さじ2
　水……大さじ2
　削り節……2.5g
オリーブ油……大さじ1

1 卵はボウルに割り入れ、しらす、Aを入れて軽く混ぜる。
2 鍋にオリーブ油を中火で熱し、薄く煙が出たら側面にも油を回してなじませる。
3 1を入れ、下面が固まったらゴムベラで混ぜる、を繰り返すⓐ。卵液が固まり半熟状になったらⓑ、蓋をして極弱火にし、5分ほど加熱する。
4 ふっくらしていたら火を止めⓒ、ふっくらしていなかったら、さらに2〜3分加熱する。蓋をしたまま15分放置（余熱調理）する。周りをゴムベラでなぞり、ひっくり返して取り出す。

ⓐ

ⓑ

ⓒ

洋風にアレンジ

staub recipe 22 チーズオムレツ

しらすの厚焼き卵を洋風にアレンジ。
牛乳を加えると、柔らかくふんわりと仕上がり、
なめらかな食感になります。

staub 14cm

［材料：4人分］

パルミジャーノレッジャーノ……15g
卵……4個
牛乳……大さじ1
オリーブ油……大さじ1

卵はボウルに割り入れ、パルミジャーノレッジャーノ、牛乳を入れて軽く混ぜる。しらすの厚焼き卵（上記参照）と同様に加熱する。

staub recipe 23
ガーリックシュリンプ

staub recipe 24
いかのバジル炒め

staub recipe 25
鮭ジャーマンポテト

staub recipe 26
かじきのトマトオイスター

staub recipe **23**

ガーリックシュリンプ

シンプルな材料ですが、味にパンチがあり
お酒にもご飯にもよく合います。
お好みでレモンを絞ればさわやかな口当たりに。
殻ごと食べられますが、気になる人は除いても。

[材料：4人分]
えび（殻付き）……20尾（約400g）
にんにく……2かけ
オリーブ油……大さじ2
バター……30g

1 えびは殻付きのまま足を取り、洗ってペーパータオルなどで水けを拭き、尾の先を切り、水けをしごき出す。背の殻と身にキッチンばさみで切り込みを入れ、あれば背わたを取る。にんにくはみじん切りにする。

2 鍋にオリーブ油とバターを中火で熱し、えびを入れる。片面を5分ほど焼き、こんがりしたら裏返す。にんにくと塩（分量外・適量）を入れてひと混ぜし、蓋をする。

3 蓋の隙間から蒸気が出たら、極弱火にして10分ほど加熱する。お好みでレモン（分量外・1/8個）を絞る。

staub recipe **24**

いかのバジル炒め

短時間で火を通すので、いかは柔らかいまま。
バジルを散らしてエスニック風に仕上げましたが、
ナンプラーの代わりにしょうゆを使えば
和風の炒め物になります。

[材料：4人分]
いか……1ぱい（大）
赤パプリカ……1個
にんにく……1かけ
バジルの葉……5枚
ナンプラー……大さじ1
オリーブ油……大さじ1
塩……小さじ1/2

1 いかは下処理をして、足は一口大に、胴は1cm幅に切る。パプリカは2cm幅に、にんにくは薄切りにする。

2 鍋にオリーブ油、にんにくを弱火で熱し、香りが出たら中火にしてパプリカを入れて軽く炒める。いか、ナンプラーを入れてひと混ぜし、蓋をする。

3 蓋の隙間から蒸気が出たら、バジルをちぎり入れ、塩で味を調える。

staub recipe **25**

鮭ジャーマンポテト

見た目よりもあっさりとした味付け。
マスタードの存在感が際立っています。
ベーコンやブロッコリーを加えたり、
チーズをのせて焼いて
アレンジを楽しんでください。

[材料：4人分]

生鮭の切り身	2切れ
玉ねぎ	1/2個
じゃがいも	2個
粒マスタード	大さじ2
オリーブ油	大さじ1
塩	小さじ1/2

1 鮭は4等分に切り、塩をふる。玉ねぎは薄切りに、じゃがいもは5㎜幅の半月切りにする。
2 鍋にオリーブ油を中火で熱し、玉ねぎとじゃがいもを入れ、玉ねぎがしんなりするまで炒める。鮭を入れてひと混ぜし、蓋をする。
3 蓋の隙間から蒸気が出たら、極弱火にして5分ほど加熱する。粒マスタードを入れて混ぜる。

staub recipe **26**

かじきのトマトオイスター

加熱してまろやかになったトマト、
オイスターソースの旨み、とろっとした長ねぎが
焼き目の香ばしいかじきに絡まります。
コールドスタートなので
慌てず調理ができるのもうれしい。

[材料：4人分]

かじきの切り身	4切れ
トマト	1個
長ねぎ	1本
にんにく	1かけ
オイスターソース	大さじ1
片栗粉	大さじ2
ごま油	大さじ1
塩	小さじ1/2

1 かじきは4等分に切り、塩をふって片栗粉をまぶす。トマトは8等分のくし形切りに、長ねぎは斜め薄切りに、にんにくは薄切りにする。
2 鍋にごま油、にんにく、長ねぎ、かじき、トマトの順に入れ、蓋をして中火にかける。
3 蓋の隙間から蒸気が出たら、オイスターソースを入れてとろみがつくまで混ぜる。

staub recipe 27 えびチリ

えびに片栗粉をまぶしているので、ぷりぷりの食感に。
水溶き片栗粉を入れなくても
全体にとろみがついておいしくまとまります。

staub 20cm

[材料：2人分]

むきえび	200g
長ねぎ	1本
にんにく	1かけ
しょうが	1かけ
酒	大さじ2
豆板醤	小さじ1
トマトケチャップ	大さじ2
片栗粉	大さじ1
ごま油	大さじ1
塩	小さじ1/2

1 えびは洗ってペーパータオルなどで水けを拭き、片栗粉をまぶす。長ねぎ、にんにく、しょうがはみじん切りにするⓐ。

2 鍋にごま油、にんにく、しょうが、長ねぎ、豆板醤を入れて中火にかける。香りが出たらえび、酒、塩を入れてひと混ぜしⓑ、蓋をして3分ほど加熱する。

3 トマトケチャップを入れてひと混ぜし、蓋をして5分放置(余熱調理)する。

ⓐ

ⓑ

クッキングシートやアルミホイルで調理する

焼き調理

焼き調理も得意なストウブ鍋。
クッキングシートを敷いて魚を並べたり
アルミホイルで包んで加熱すればできあがり。
鍋の中とシートの中、ダブルの空間が魚の身を
ふっくらと調理します。

クッキングシートを使って

クッキングシートを敷き、蓋をして火にかけるだけで、
こんがりおいしそうな焼き目がついた
あつあつの焼き魚ができあがります。蓋をして火にかけるので、
油飛びがなく、部屋ににおいが広がりません。

staub recipe 28 焼き塩さば

staub 20cm

蓋をして加熱するので、旨みが逃げず
身がふっくらと焼き上がります。
食欲をそそる焼き目がきれいにつき、
グリルが汚れないので食後の掃除も楽チンです。

鍋底より少し大きめの
クッキングシートを用意

[材料：2人分]
塩さば（半身）……………………………1枚

1 さばは半分の長さに切る。鍋底より大きめのクッキングシートを1枚用意する。

2 鍋にクッキングシートを敷き、1を皮目を下にして並べる。蓋をして中火で3分ほど加熱し、極弱火にして5分ほど加熱する。

- 生さばを使う場合は、塩（適量）をふって同様に焼く。
- 蓋を閉める際、クッキングシートは鍋中に折り込む。
- 3で焼き目がついていない場合は、中火にして焼き目がつくまで蓋をして加熱する。

3 蓋を開け、焼き目がついていれば裏返し、蓋をして2分ほど加熱する。器に盛り、お好みで大根おろし（分量外・適量）をそえる。

24cmブレイザーの場合

[材料：4人分]
塩さば（半身）……………………………2枚

魚を変えてもう一品

staub recipe 29 焼きあじ

ストウブでこんがり焼けて身はふっくら。
香ばしい焼き目が目にもおいしい。

[材料：2人分]
あじの干物
…………2枚（約80g／1枚）

1 鍋にクッキングシートを敷き、あじを皮目を下にして並べる。蓋をして中火で5分ほど加熱し、極弱火にして5分ほど加熱する。
2 蓋を開け、焼き目がついていれば裏返し、蓋をして2分ほど加熱する。

staub recipe 30 焼きほっけ

肉厚の身の中までしっかり火が通り、
弾力がありながらもジューシーな焼き上がりに。

[材料：4人分]
ほっけの干物
………2枚（約200g／1枚）

1 鍋にクッキングシートを敷き、ほっけを皮目を下にして並べる。蓋をして中火で5分ほど加熱し、極弱火にして10分ほど加熱する。
2 蓋を開け、焼き目がついていれば裏返し、蓋をして2分ほど加熱する。

焼いた魚をアレンジ

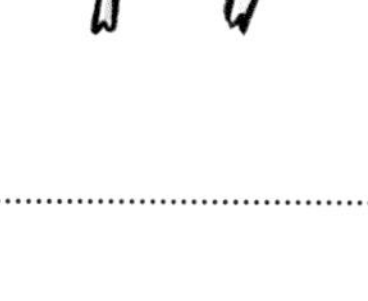

staub recipe 31 焼きあじの混ぜご飯

焼き魚が食べきれず余ってしまった時におすすめの一品です。

[1～2人分] 炒り卵（卵1個分）、薄い輪切りにしたきゅうり（1/2本分）、白煎りごま（適量）、ごはん（茶碗1杯分）、ほぐした焼きあじ（1枚分）をよく混ぜる。お好みの焼き魚で作ってもよい。

staub recipe 32 焼きししゃも

たくさん焼くならブレイザーがおすすめ。
隣同士がくっつかないように並べてください。

staub 20cm

[材料：2人分]
ししゃも
…………4尾（約15g／1尾）

staub 24cm

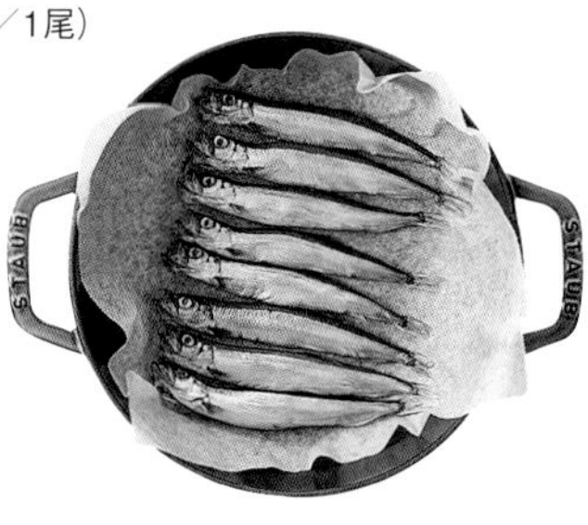

[材料：4人分]
ししゃも
…………8尾（約15g／1尾）

1 鍋にクッキングシートを敷き、ししゃもを並べる。蓋をして中火で5分ほど加熱する。
2 蓋を開け、焼き目がついていれば裏返し、蓋を開けたまま3分ほど加熱する。

staub recipe 33 焼きさんま

シートを敷いても焼き目がしっかりつきます。
脂がのった旬のさんまを丸ごと味わって。

staub 20cm

[材料：2人分]
さんま……………………2尾
塩…………………………適量

staub 24cm

[材料：4人分]
さんま……………………4尾
塩…………………………適量

1 さんまは頭を切り落とし、腹に切り目を入れて内臓を取り、水でよく洗い流す。半分の長さに切ってペーパータオルなどで水けをよく拭き、塩をふる。
2 鍋にクッキングシートを敷き、1を並べる。蓋をして中火で5分ほど加熱する。
3 蓋を開け、焼き目がついていれば裏返し、蓋をして極弱火にして5分ほど加熱する。

p.89にアレンジレシピあり

staub recipe **34**

焼き鮭

外はこんがり、中はふっくら。
ほどよい火の通り具合に焼き上がります。

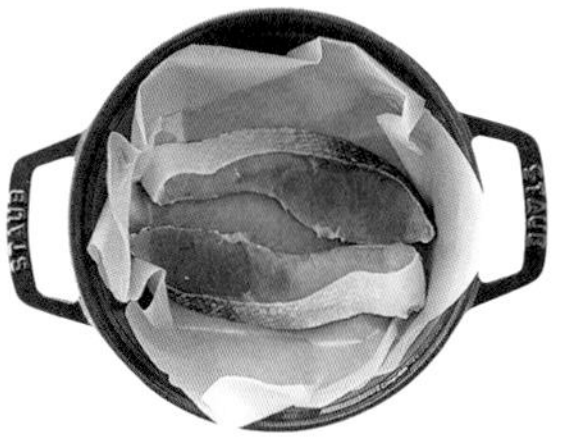

staub 20cm

[材料 :2人分]
鮭の切り身…………2切れ

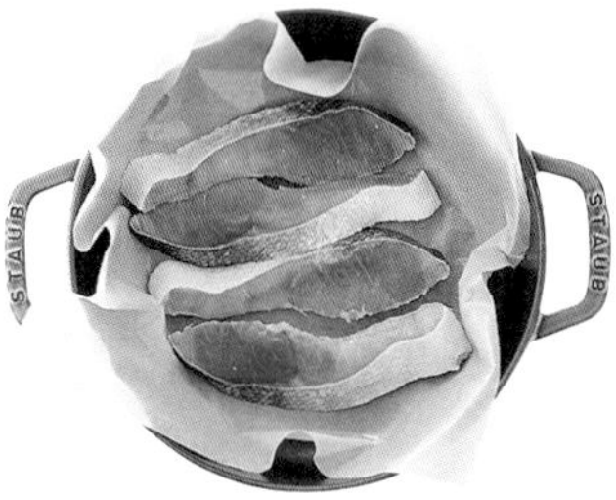

staub 24cm

[材料 :4人分]
鮭の切り身…………4切れ

1 鮭は塩鮭ならそのまま、生鮭なら塩(分量外・適量)をふる。
2 鍋にクッキングシートを敷き、1を並べる。蓋をして中火で5分ほど加熱し、極弱火にして5分ほど加熱する。
3 蓋を開け、焼き目がついていれば裏返し、蓋をして2分ほど加熱する。

焼き鮭をアレンジ

staub recipe **35**

鮭の甘酒みそ漬け

甘酒とみその風味とコクが鮭に絡み、砂糖なしでも自然な甘みを感じます。甘酒はみりんで代用可能。

staub 20cm

[材料 :2人分]
生鮭の切り身……………………2切れ
甘酒……………………大さじ2
みそ……………………大さじ1

1 甘酒とみそをよく混ぜ、鮭に絡めて20分ほど置く。
2 鍋にクッキングシートを敷き、1を並べる。蓋をして中火で5分ほど加熱し、極弱火にして3分ほど加熱する。
3 蓋を開け、焼き目がついていれば裏返し、蓋を開けたまま2分ほど加熱する。

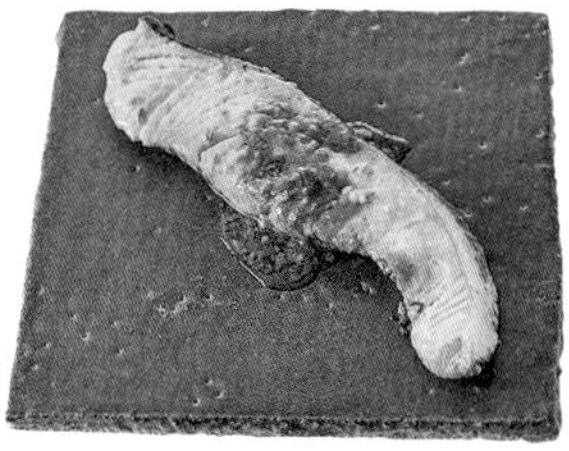

staub recipe 36 さばのカレー米粉ソテー

まぶした米粉が全体をカリッと香ばしく包み、カレー風味で食欲倍増。
魚の皮は薄く、鍋底にくっつきやすいですが、
クッキングシートを敷くとつきづらくなり、焦げつきも防止できます。

[材料 :2人分]

生さば(半身)……2枚
カレー粉……大さじ1
米粉……大さじ2
塩……小さじ1/2
オリーブ油……大さじ2

1 さばは半身を4等分に切る。塩をふり、カレー粉、米粉の順につける。
2 鍋にクッキングシートを敷く。オリーブ油を入れ、1を皮目を下にして並べるⓐ。蓋をして中火で5分ほど加熱する。
3 蓋を開け、焼き目がついていれば裏返し、蓋をして2分ほど加熱する。

staub recipe 37 あじのパン粉焼き

パン粉に入ったにんにくが焦げやすいので、焼き時間を短くしました。
揚げ物調理より少ない油でもサクサクの食感になります。

staub 20cm

[材料 :2人分]

あじ（3枚におろしたもの）……………2枚
にんにく……………………………1かけ
パセリ………………………………1枝
卵……………………………………1個
パン粉……………………………30g
薄力粉…………………………大さじ2
オリーブ油……………………大さじ2

1 にんにくとパセリはみじん切りにし、パン粉と混ぜる。卵は溶いておく。

2 あじに薄力粉、溶き卵、パン粉の順に両面にまぶす。

3 鍋にクッキングシートを敷く。オリーブ油を入れ、2を皮目を下にして入れるⓐ。蓋をして中火で3分ほど加熱し、極弱火にして2分ほど加熱する。

4 蓋を開け、こんがりとした焼き目がついていれば裏返し、裏面も焼き目がつくまで3分ほど加熱する。器に盛り、お好みでレモン（分量外・適量）を絞る。

ⓐ

staub recipe 38 さんまのバター焼き

マンネリしがちなさんまの調理に、
バターとにらで変化をつけました。
クッキングシートの上にバターを置いて加熱すれば、
焼き目がしっかりつきます。
とろりとしたにらとさんまを一緒に食べると絶品です。

staub 24cm

[材料：2人分]

さんま……………………………2尾
エリンギ……………………1袋（約100g）
にら…………………………………1/2束
塩………………………………小さじ1/2
バター………………………………20g

1 さんまは頭を切り落とし、腹に切り目を入れて内臓を取り、水でよく洗い流す。半分の長さに切ってペーパータオルなどで水けをよく拭き、塩をふる。エリンギは1cm幅に、にらは2cm長さに切る。

2 鍋にクッキングシートを敷く。バター、さんま、エリンギ、にらの順に入れⓐ、蓋をして中火にかける。

3 蓋の隙間から蒸気が出たら、極弱火にして5分ほど加熱する。

ⓐ

アルミホイルを使って

ホイル焼きは火加減いらず。時間を計りながら中火にかけるだけなので、細かい火力調節がいりません。
外出時に鍋に食材を重ねた状態で冷蔵庫に入れておけば、
帰宅後は指定時間火をかけるだけで一品できあがり。
使い勝手のいい調理法です。

staub recipe 39 鮭のちゃんちゃん焼き

\ アルミホイルを使います /

アルミホイルで食材全体をゆるく包むことで、
小さなオーブンで焼いているような効果が現れ、
魚や野菜から水分を出し過ぎず、ほどよい焼き具合に調節してくれます。

staub 24cm

[材料：3人分]

生鮭の切り身……3切れ
キャベツ……1/8個（約150g）
ピーマン……1個
A
　みそ……大さじ1
　みりん……大さじ1
オリーブ油……大さじ1
塩……小さじ1

20cmラウンドの場合

[材料：2人分]

生鮭の切り身……2切れ
キャベツ……1/16個（約75g）
ピーマン……1/2個
A
　みそ……小さじ2
　みりん……小さじ2
オリーブ油……小さじ2
塩……小さじ2/3

1 鮭はペーパータオルなどで水けを拭き、塩をふる。キャベツは3cm角に、ピーマンは1cm幅の細切りにする。20cm長さのアルミホイルを3枚用意する。

2 アルミホイル1枚の中央にオリーブ油、キャベツ、鮭、ピーマン、よく混ぜたAの順に1/3量をのせ、対角に軽く包む。残りも同様に包む。

3 2を鍋に入れ、蓋をして中火で10分ほど加熱する。

アルミホイル調理の加熱時間の目安

3で蓋をした後に中火で加熱する時間は

- **20cmラウンドは約8分**
- **24cmブレイザーは約10分**

を目安にしてください。
※火が通っていない場合は、もう1～2分加熱してください。

staub recipe 40 ぶりのガーリックホイル焼き

水分が食材にとどまり、ジューシーに仕上がるホイル焼き。
焦げやすいにんにくは具材の上にのせて包んでください。

staub 20cm

[材料：2人分]

ぶりの切り身……………………2切れ
しめじ………………………1袋（約160g）
にんにく……………………………2かけ
オリーブ油……………………大さじ1
塩……………………………小さじ1/2

1 しめじは石づきをとりほぐす。にんにくは薄切りにする。ぶりは塩をふる。20cm長さのアルミホイルを2枚用意する。

2 アルミホイル1枚の中央にオリーブ油、ぶり、しめじ、にんにくの順に1/2量をのせ、対角に軽く包むⓐ。残りも同様に包む。

3 ②を鍋に入れ、蓋をして中火で8分ほど加熱する。

ⓐ

☞ 24cmブレイザーを使う場合は、分量を倍にする（4切れ／加熱時間：約10分）。

staub recipe 41 たらのイタリアンチーズ焼き

淡白な白身魚が、チーズをのせることで濃厚になり食べ応えが増します。
好みのチーズに変えたり、トマトケチャップの代わりにトマトをのせても。

staub 24cm

[材料：4人分]

甘塩たら……………………………4切れ
玉ねぎ……………………………………1個
モッツァレラチーズ……1個（約100g）
トマトケチャップ……………大さじ2
バジルの葉………………………………4枚
オリーブ油……………………大さじ2

1 玉ねぎは繊維に直角に薄切りにする。20cm長さのアルミホイルを4枚用意する。

2 アルミホイル1枚の中央にオリーブ油、玉ねぎ、たら、一口大にちぎったモッツァレラチーズ、トマトケチャップの順に1/4量ずつのせ、対角に軽く包む ⓐ。残りも同様に包む。

3 ②を鍋に入れ、蓋をして中火で10分ほど加熱する。アルミホイルをあけ、バジルをちぎって飾る。

ⓐ

☞ 20cmラウンドを使う場合は、分量を1/2にする（2切れ／加熱時間：約8分）。

staub recipe 42 いかわたしょうゆバター

濃厚なソースのように絡んだバターとわた。
そのままはもちろん、炊き立てのご飯やじゃがいもにのせて食べてもおいしい。
アルミホイルを敷けば焦げつき防止になり、鍋が汚れません。

staub 14cm

[材料 :2人分]

するめいか(小)……………1ぱい
にんにく……………1かけ
バター……………20g
しょうゆ……………大さじ1

1 いかは下処理をして、足は3cm長さに、胴は1cm幅に切る。わたはとっておく。にんにくは薄切りにする。20cm長さのアルミホイルを1枚用意する。

2 アルミホイルの上にバター、にんにく、いかをのせ、わたを破り入れ、しょうゆをかけるⓐ。対角に軽く包む。

3 ②を鍋に入れ、蓋をして中火で蒸気が出るまで10分ほど加熱する。

ⓐ

staub recipe 43 かじきレモン

staub 20cm

レモンの酸味がきいた、華やかな見た目の
おもてなし料理にもなるホイル焼きです。
火加減を調節しなくていいので、作るのも簡単。
下に敷いたトマトがソースのように全体に絡まります。

[材料：2人分]

かじきの切り身……………………2切れ
レモン……………………1/2個
トマト……………………1個
オリーブ油……………………大さじ1
塩……………………小さじ1

1 レモンはよく洗い、薄い輪切りにする。トマトは半割にしてから、1cm幅に切る。かじきは塩をふる。20cm長さのアルミホイルを2枚用意する。

2 アルミホイル1枚の上にオリーブ油、トマト、かじき、レモンの順に1/2量をのせ、対角に軽く包むⓐ。残りも同様に包む。

3 ②を鍋に入れ、蓋をして中火で8分ほど加熱する。お好みでこしょう（分量外・適量）をふる。

☞ 24cmブレイザーを使う場合は、分量を倍にする（4切れ／加熱時間：10分）。

【column】

特別な日の料理に

staub recipe 44 塩釜焼き

パーティーや特別な日におすすめのメニュー。
身の中まで塩がしっかりいきわたり、
隅々まで味がしみています。
鍋に魚が入らない場合は、尾を切って入れてください。
鍋に入る大きさであれば、
豚ロース肉やかたまり肉を入れてもOK。
24cmブレイザー、24cmラウンドでも作れます。
塩のドームは固いので、割る時はまわりに注意して。

staub 23cm

［材料：4人分］

鯛※……………………………… 1尾（約300g）
卵白……………………………… 2個分
薄力粉…………………………… 30g
粗塩……………………………… 500g

※体長約23〜25㎝で、うろこ、内臓、えらを取ったもの。
　自分でできない場合は売り場で頼むとよい。

1 オーブンを220℃に温める。ボウルに卵白を入れ、泡立て器で軽く泡立つくらいまで溶きほぐす。

2 塩と薄力粉を入れ、ゴムベラでまとまるまで混ぜる。

3 鍋にクッキングシートを敷き、2の半量を底に敷き詰め、鯛をのせる。

4 残りの2をのせ、形を整える。蓋をせず、オーブンで30分ほど焼く。

5 オーブンから取り出し、へらや麺棒で塩釜をたたき割る。

作り置きしておけばすぐに食べられる

魚介の常備菜

使い勝手のよい常備菜。冷蔵庫にストックしておけば、
そのままはもちろん、アレンジ料理にも使えるので
料理の幅が広がりとても便利です。
調理の際、しっかり火を通すので、
冷蔵庫で1週間ほど保存可能。
日々の料理の強い味方です。

staub recipe 45

いわしのオイル煮

staub 14cm

余った魚介をオイルで煮てストックすれば、
いろいろな料理に使えて便利です。
骨を取って食べる場合は、加熱時間は10分でOK。
3枚おろしを使えば5〜10分の加熱で食べられます。

[材料：4人分]
いわし……4尾（約300g）
ローズマリー……2枚
エキストラバージンオリーブ油……100mℓ
塩……小さじ1/4

1 いわしは頭を切り落とし、腹に切り目を入れて内臓と血合いを取り、水でよく洗い流す。ペーパータオルなどで水けをよく拭き、半分の長さに切り、塩をふる。
2 鍋にオリーブ油、1を入れる。ローズマリーをのせ、蓋をして中火にかける。
3 蓋の隙間から蒸気が出たら、極弱火にして45分〜1時間ほど加熱する。蓋をしたまま冷めるまで放置（余熱調理）する。

☞ 20cmラウンドで作る場合は分量を倍にする。 ☞ 煮沸消毒した保存容器に入れ、粗熱がとれたら冷蔵庫で1〜2週間保存可能。

staub recipe 46

かきのオイル煮

staub 14cm

かきのシーズンにぜひ作っていただきたい一品。
少量のオリーブ油でオイル煮が作れます。
しょうゆをローズマリーやタイムに変えれば洋風に。
赤唐辛子はお好みで加えて、辛さを調節してください。

[材料：4人分]
かき（むき身・加熱用）……1パック（約200g）
にんにく……2かけ
赤唐辛子……2本
しょうゆ……大さじ1
エキストラバージンオリーブ油……50mℓ

1 かきはペーパータオルなどで水気をよく拭く。にんにくは薄切りに、赤唐辛子は種を取る。
2 鍋にすべての材料を入れて中火にかける。沸騰したら蓋をして、極弱火にして10分ほど加熱する。蓋をしたまま冷めるまで放置（余熱調理）する。

☞ 煮沸消毒した保存容器に入れ、粗熱がとれたら冷蔵庫で約1週間保存可能。

食べ方アレンジ

staub recipe 47

いわしのチーズカナッペ

いわしのオイル煮とクリームチーズ（共に適量）をバゲットにのせ、黒こしょうとみじん切りにしたパセリをふる。

staub recipe 48

かきのパスタ

ゆでたパスタ（80g／1人分）と、かきのオイル煮（1/2量）を和える。

staub recipe 49 丸ごとさんまのオイル煮

じっくり煮込むことで臭みがぬけ、内臓が塩辛のような味わいに。
クミンシードをローズマリーに変えたり、
唐辛子で辛みを加えたり、にんにくをプラスしてもおいしい。

staub 23cm

[材料:4人分]

さんま……3尾
クミンシード……小さじ1
エキストラバージンオリーブ油……100mℓ
塩……小さじ1/2

1 さんまは流水でよく洗い、ペーパータオルなどで水けをよく拭き、塩をふる。鍋の横幅にあわせてさんまを切る。

2 鍋にオリーブ油を入れ1を並べる。クミンシードをのせⓐ、蓋をして中火にかける。

3 蓋の隙間から蒸気が出たら、極弱火にして1時間半ほど加熱する。蓋をしたまま冷めるまで放置(余熱調理)する。

☞ 煮沸消毒した保存容器に入れ、冷蔵庫で約1週間保存可能。

ⓐ

staub recipe 50 かつおの甘辛煮

ご飯にのせて卵黄を落とせば、さらに食欲をそそる一品に。
食べきれなかった刺身を入れたり、
しょうがの量を増やせば、しょうがの佃煮が一緒に作れます。

staub 14cm

［材料：4人分］

かつおの刺し身（さく）	150g
しょうが	1かけ
しょうゆ	大さじ2
みりん	大さじ2
砂糖	大さじ1
オリーブ油	小さじ2

1 かつおは2㎝の角切りにする。しょうがは薄切りにする。
2 鍋にオリーブ油を中火で熱し、薄く煙が出たら、かつおを入れて軽く炒めるⓐ。
3 しょうが、しょうゆ、みりん、砂糖を入れて蓋をする。蓋の隙間から蒸気が出たら、極弱火にして10分ほど加熱する。
4 蓋を開けてひと混ぜし、煮汁にとろみがつくまで3分ほど煮詰める。

☞ 煮沸消毒した保存容器に入れ、冷蔵庫で約1週間保存可能。

ⓐ

staub recipe **51**

鮭フレーク

staub 14cm

炊き立てのご飯と混ぜたり、卵焼きの中に入れたり。
作っておけばすぐに食べられ、
他の料理にアレンジができてとても便利。
弁当のおかずにもぴったりです。

[材料：作りやすい分量]

甘塩鮭の切り身……………………………2切れ
酒……………………………………………大さじ1

1. 鍋に鮭、酒を入れて中火にかけ、沸騰したら蓋をする。
2. 蓋の隙間から蒸気が出たら、極弱火にして5分ほど加熱する。
3. 骨と皮を取り除いてほぐす。

☞ 煮沸消毒した保存容器に入れ、粗熱が取れたら冷蔵庫で4～5日保存可能。

staub recipe **52**

さばフレーク

staub 14cm

パサつきがちなさばが、しっとりとした食感に。
生さばを使う場合はしょうゆを大さじ2に、
酒だけで蒸す場合は、鮭フレークと同様の材料を使用してください。

[材料：作りやすい分量]

塩さば（半身）……………………………2枚
A
- みりん……………………………大さじ2
- しょうゆ…………………………大さじ1
- 酒…………………………………大さじ1
- 砂糖………………………………大さじ1
- 白ごま……………………………小さじ2

1. さばはあれば骨を取り、ぶつ切りにする。
2. 鍋にAを入れて中火にかけ、沸騰したら1を入れる。
3. 再び沸騰したら、蓋をして極弱火で10分ほど加熱する。
4. 皮ごとほぐす。

☞ 煮沸消毒した保存容器に入れ、粗熱が取れたら冷蔵庫で4～5日保存可能。

staub recipe 53 鮭のリエット

鮭フレーク（1/2量）とオリーブ油（大さじ1）をなめらかになるまでフードプロセッサーで撹拌する。

staub recipe 54 お揚げトースト

油揚げ（1枚）にさばフレーク（適量）、チーズもしくはマヨネーズ（適量）をかけ、トースターでこんがりするまで焼く。

外はカリッと、中はほくほくジューシーに

揚げ物

油の温度が下がりにくいストウブは揚げ物調理にも最適。
魚は火の通りが早いので、短時間でカラッと揚がります。
ボリュームがでるので、子どもにも大人気。
肉にも負けない、食べ応えのあるおかずです。

staub recipe 55 あじフライ

鍋に高さがあるので、外に油がはねにくいストウブ。
火の通りやすい魚は、基本的には蓋をせずに調理をします。
短時間調理なので、油の温度が下がりにくく
サクッと揚がります。

staub 20cm

[材料：2人分]
あじ（背開き）……2尾
薄力粉……大さじ2
溶き卵……1個分
パン粉……50g
揚げ油……400mℓ

1 鍋に油を中火で熱し、約180℃に温めておく。あじに薄力粉、溶き卵、パン粉の順でつける。

2 1の鍋にあじを1尾入れ、1〜2分加熱する。

3 表面がカリッとしてきつね色になったら、裏返してもう片面を揚げる。取り出して油を切る。残りも同様に揚げる。

揚げ物調理のポイント

- 魚は水分が多いので、水けをしっかり拭きとってください。
- 衣は揚げる直前に付けてください。
- 魚介の揚げ物は、短時間で揚がるので蓋をしません。
- 中までじっくりと火を通したい「ぱりぱり骨せんべい（下記）」、「豆あじのから揚げ（p.63）」、「かれいのから揚げ（p.65）」は蓋をするのが有効です。
- 複数入れる場合は、隣同士がくっつかないように適量を入れてください。

骨を揚げて

staub recipe 56 ぱりぱり骨せんべい

名前の通り、ぱりぱりぽりぽりの食感になります。
酒の肴にどうぞ。

staub 20cm

[材料：4人分]
あじの中骨……4尾分
薄力粉……大さじ1
揚げ油……400mℓ
塩……適量

1 鍋に油を中火で熱し、約160℃に温めておく。あじの骨は半分に切り、塩（分量外・少々）をふって5分ほど置く。水で洗い、ペーパータオルなどで水けをよく拭き、薄力粉を薄くつける。

2 あじの骨を、隣同士がくっつかないよう1の鍋に入れ、蓋をして5分ほど加熱する。蒸気が出るようなら極弱火にする。蓋を取り、さらに5分ほど加熱する。器に盛り、塩をふる。

あじフライの衣をアレンジ

staub recipe 57

粉チーズフライ

staub 20cm

衣に混ぜたチーズがこんがり色づき、
ボリュームもアップ。
チーズに塩気があるので、ソースをかけなくても
そのまま食べられます。

[材料 :4人分]

あじ(背開き)……4尾
薄力粉……大さじ2
溶き卵……1個分
パン粉……30g
パルミジャーノレッジャーノ……15g
揚げ油……400mℓ

1 鍋に油を中火で熱し、約180℃に温めておく。パン粉にパルミジャーノレッジャーノを混ぜ合わせる。あじに薄力粉、溶き卵、パン粉の順でつける。
2 1の鍋にあじを1尾入れ、1～2分加熱する。
3 表面がカリッとしてきつね色になったら、裏返してもう片面を揚げる。取り出して油を切る。残りも同様に揚げる。

staub recipe 58

香草フライ

staub 20cm

レモンを絞り、塩で食べると絶品です。
タルタルソースとの相性も抜群。
バジルを好みのハーブに変えてもおいしい。

[材料 :4人分]

あじ(背開き)……4尾
薄力粉……大さじ2
溶き卵……1個分
パン粉……50g
バジルの葉……5枚
揚げ油……400mℓ

1 鍋に油を中火で熱し、約180℃に温めておく。バジルはみじん切りにし、パン粉と混ぜ合わせる。あじに薄力粉、溶き卵、パン粉の順でつける。
2 1の鍋にあじを1尾入れ、1～2分加熱する。
3 表面がカリッとしてきつね色になったら、裏返してもう片面を揚げる。取り出して油を切る。残りも同様に揚げる。

staub recipe 59

タルタルソース

揚げ物にぴったり

大人はもちろん、子どもにも大人気。
たっぷり作ってたっぷりのせてめしあがれ。

[材料 : 作りやすい分量]

きゅうり……1/2本(約50g)
玉ねぎ……1/8個(約25g)
ゆで卵……2個

魚を変えてもう一品

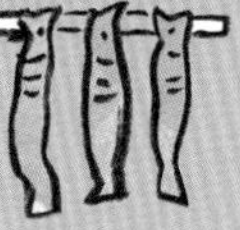

staub recipe **60**

ししゃもフライ

staub 20cm

衣を付けて揚げるだけで、
いつもと違う食べ応えのあるししゃもに。
粉チーズを混ぜたり、ハーブを加えてもおいしい。

[材料：4人分]

ししゃも……8本（約15g／1尾）
薄力粉……30g
溶き卵……1個分
パン粉……30g
青のり……小さじ2
揚げ油……400mℓ

1 鍋に油を中火で熱し、約180℃に温めておく。パン粉に青のりを混ぜ合わせる。ししゃもはペーパータオルなどで水けをよく拭き、薄力粉、溶き卵、パン粉の順につける。

2 1の鍋に、ししゃもを隣同士がくっつかないように入れ（目安4本）、2〜3分加熱する。

3 表面がカリッとしてきつね色になったら、取り出して油を切る。残りも同様に揚げる。

マヨネーズ……大さじ2
粒マスタード……小さじ2
塩……小さじ1/4

きゅうり、玉ねぎ、ゆで卵はみじん切りにし、
他の材料と混ぜる。

staub recipe **61**

豆あじのから揚げ

staub 20cm

骨まで丸ごと食べられる豆あじは、
蓋をしてしっかり火を通します。
きびなご、わかさぎなどは、
えらを取らずそのまま丸ごと揚げられます。
仕上げにカレー粉をふったり、青のりをかけても。

[材料：4人分]

豆あじ（体長10cm以下のもの）……300g
片栗粉……大さじ2
揚げ油……400mℓ
塩……小さじ1/2

1 豆あじはえらとわたを指でつまんで取りⓐ、よく洗う。ペーパータオルなどで水けをよく拭き、片栗粉を薄くまぶす。鍋に油を中火で熱し、約180℃に温めておく。

2 1の鍋に、豆あじを隣同士がくっつかないように入れ、蓋をして3分ほど加熱する。途中、蓋の隙間から蒸気が出たら、極弱火にする。

3 蒸気が止まったら（約3分経ったら）、スライドさせるようにさっと蓋を取る。表面がカリッとしてきつね色になったら、取り出して油を切る。柔らかければ裏返し、中火に戻して再度揚げる。残りも同様に揚げる。器に盛って塩をふり、お好みでレモン（分量外・適量）を絞る。

staub recipe 62 鮭のフレーク揚げ

ざくざく、ばりばり。歯ごたえが楽しいボリューム満点の一皿。
冷めても歯ごたえは保たれるので、弁当のおかずにもおすすめ。
わが家の子どもたちにも人気のおかずです。

staub 20cm

[材料：4人分]

生鮭の切り身	4切れ
しょうゆ	大さじ1
塩	小さじ1/2
薄力粉	大さじ4
溶き卵	1個分
玄米フレーク	100g
揚げ油	400mℓ

1 鮭は4等分に切ってボウルに入れる。しょうゆと塩を入れてひと混ぜし、10分ほど置く。玄米フレークは荒く砕く。

2 鍋に油を中火で熱し、約180℃に温めておく。鮭に薄力粉、溶き卵、玄米フレークの順につけるⓐ。

3 2の鍋に、鮭を隣同士がくっつかないように入れ、両面がカリッとするまで3分ほど加熱する。取り出して油を切る。残りも同様に揚げる。

ⓐ

staub recipe 63 かれいのから揚げ

かれいのレシピではめずらしい、煮付け以外の調理法です。
食べ応えがあるので、おもてなし料理にもおすすめ。
揚げるだけですが、特別感が出ます。

staub 20cm

[材料：2人分]

かれいの切り身……………………2切れ
しょうゆ……………………………大さじ1
酒……………………………………小さじ2
しょうが（すりおろす）…………1かけ分
片栗粉………………………………大さじ2
揚げ油………………………………400mℓ

1 かれいは一番厚みのある身の部分に1cm深さに十字の切り込みを入れる。

2 バットなどに、1、しょうゆ、酒、しょうがを入れて20分ほど置くⓐ。ペーパータオルなどでしっかり水けをしっかり拭き、片栗粉をまぶす。鍋に油を中火で熱し、約170℃に温めておく。

3 2の鍋に、かれいを隣同士がくっつかないように入れ、蓋をして5分ほど加熱する。途中、蓋の隙間から蒸気が出たら、極弱火にする。

4 蒸気が止まったら（約3分経ったら）、スライドさせるようにさっと蓋を取る。裏返し、中火に戻してカリッとするまで5分ほど加熱する。取り出して油を切る。

ⓐ

scrap recipe 64 えびとチーズの青じそ春巻き

皮はサクサク、中のえびはぷりぷり、そしてチーズがとろり。
青じその存在感がさわやかな、子どもにも大人気の春巻きです。
帆立、白身魚、スライス肉を同様に包んで同じ手順で揚げてもOK。
えびや青じそから水分が出るので、しっかり水けを拭き取ってから巻いてください。

[材料：10本分]
むきえび……………………………10尾（約150g）
青じそ………………………………………10枚
6Pチーズ……………………………………5個
春巻きの皮…………………………………10枚
水溶き薄力粉
│薄力粉……………………………大さじ1
│水……………………………………小さじ2
揚げ油……………………………………400mℓ

1 えび、青じそは洗い、ペーパータオルなどで水けをしっかりと拭く。チーズは1cm幅に切る。えびはチーズの幅に合わせて小さく切るⓐ。薄力粉は水で練り、水溶き薄力粉を作る。春巻きの皮は常温に戻す。鍋に油を中火で熱し、約160℃に温めておく。

2 春巻きを巻く（下記工程参照）。

3 ①の鍋に②を2〜3本入れる。途中、大きな泡が出るようなら火力を弱め、小さな泡で弱すぎるようなら中火に戻す、を繰り返す。下面がきつね色になったら裏返し、全体がきつね色になったら取り出して油を切る。残りも同様に揚げる。

ⓐ

春巻きの巻き方

春巻きの皮1枚をつるつるの面を下にして置く。手前側にチーズ（1/10量）、その上にえび、向こう側に青じそをのせる。

手前の皮をえびの上にのせ、左右の皮をチーズの幅で折りたたむ。手前より奥の幅をすぼめるとこの後きれいに巻ける。

手前から奥へ、空気が入らないようにくるくると巻いていく。

巻き終わりに水溶き薄力粉をつけ、しっかりとめる。

春巻きが巻けた。2〜3本巻いたら揚げ始め、揚げながら残りも同様に巻く。

春巻きを上手に揚げるポイント

- 中の具（えびと青じそ）の水けをしっかりと拭く。
- 巻く時は空気が入らないように注意する。
- 巻き終わりは水溶き薄力粉でしっかりととめる。
- 海鮮春巻きの具（あん）はしっかり冷やしてから巻く。

春巻きの具をアレンジ

staub recipe 65 海鮮春巻き

とろみのある海鮮あんかけを包みました。巻き方と揚げ方のコツを覚えれば、中の具はお好みのものでOKです。

[材料：10本分]
中華風海鮮炒め（p.76参照）………半量
春巻きの皮…………………………10枚
塩…………………………………小さじ1/4
水溶き薄力粉
│薄力粉……………………………大さじ1
│水…………………………………小さじ2
揚げ油……………………………400mℓ

1 小鍋に中華風海鮮炒めを入れて中火で熱し、水溶き片栗粉（分量外・片栗粉大さじ2、水大さじ4）、塩を入れ、とろみがつくまで加熱する。バットに移し、粗熱が取れたら冷蔵庫で冷やす。

2 ①を1/10量に分け、春巻きの皮で巻き、油で揚げる（巻き方と揚げ方は上記参照）。

staub recipe 66 たらのフリット

衣はサクッと軽やか、たらはふかふかの食感。
甘塩だらが塩気を含んでいるので
何もつけずにそのまま食べられます。

staub 20cm

[材料：4人分]

甘塩たら	4切れ
薄力粉①	大さじ2
薄力粉②	100g
ベーキングパウダー	小さじ1
炭酸水	200mℓ
揚げ油	400mℓ

1 鍋に油を中火で熱し、約180℃に温めておく。たらは3等分に切り、薄力粉①をまぶす。ボウルに薄力粉②、ベーキングパウダー、炭酸水を入れて周りに粉が残るくらいに箸で軽く混ぜⓐ、たらを絡める。

2 1の鍋に、たらを隣同士がくっつかないように入れⓑ、2～3分加熱する。

3 表面がカリッとしてきつね色になったら、取り出して油を切る。柔かければ裏返し、再度揚げる。残りも同様に揚げる。

ⓐ

ⓑ

staub recipe

67 米粉てんぷら

揚げる際に失敗しにくいよう、衣に米粉を使いました。
衣は粉っぽさがなくなるまでぐるぐる混ぜて大丈夫。
お好みで塩、つゆ、大根おろしと一緒にどうぞ。

staub 20cm

[材料 :2～3人分]

えび(ブラックタイガーなど)……………………… 6尾
きす(開いたもの)………………… 4尾(約20g／1尾)
米粉………………………………………………50g
炭酸水…………………………………………100mℓ
揚げ油…………………………………………400mℓ

1 えびは尾の1節を残して殻をむき、足とあれば背わたを取る。洗ってペーパータオルなどで水けを拭き、尾の先を切り、水をしごき出す。腹側に厚みの1/3ほどの切り込みを1cm間隔で入れ、切り込みを広げるようにのばすⓐ。えびときすに米粉(分量外)をつける。鍋に油を中火で熱し、約170℃に温めておく。

2 ボウルに米粉と炭酸水を入れ、箸でよく混ぜて衣を作るⓑ。

3 えびの尾を持ち、2につけて1の鍋に入れるⓒ。サクッとするまで2～3分揚げる。残りのえびときすも同様に揚げる。

ⓐ

ⓑ

ⓒ

天ぷらにおすすめの食材

好みの野菜や旬の食材を使ってください。特になす、きのこ、ししとうなどは調理しやすいのでおすすめ。水分の多いいかや帆立は、油がはねやすいので水けをよく拭き、米粉→衣の順につけて揚げてください。魚介は加熱しすぎるとかたくなるので、短時間で火を通しましょう。

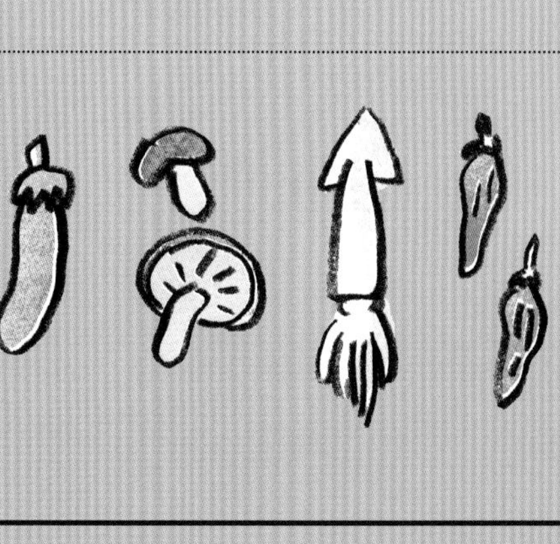

旨みと味がしみ込んだ

じっくり煮込み調理

柔らかく仕上げたり、中まで味をしみ込ませたい料理には、
蓋をしてしっかり加熱する煮込み調理が最適。
完成するまで少し時間のかかる料理もありますが、
タイマーをセットしておけば時間を有効に使えます。

staub recipe 68 ぶり大根

材料を入れて加熱するだけの簡単調理。
調理時間は短いですが、余熱を使えば
ぶ厚い大根にも味がしっかりしみ込みます。
ブレイザーで調理すると、たくさんの量でも味が均一にいき渡り
食卓にそのまま出せるので便利です。

[材料：4人分]
ぶりのあら（頭やかまなど）……500g
大根……1/2本
しょうが……2かけ
しょうゆ……大さじ3
みりん……大さじ3
酒……大さじ2

staub 24cm

20cmラウンドの場合

[材料：2人分]
ぶりのあら（頭やかまなど）……250g
大根……1/4本
しょうが……1かけ
しょうゆ……大さじ1・½
みりん……大さじ1・½
酒……大さじ1

1 ぶりをざるに入れて熱湯をまわしかけ、流水で血合いやうろこを取る。大根は4等分の輪切りに、しょうがは薄切りにする。

2 鍋にしょうゆ、みりん、酒、大根を入れて中火にかける。

3 沸騰したらぶり、しょうがを入れて蓋をする。蓋の隙間から蒸気が出たら、極弱火にして20分ほど加熱する。

4 大根を裏返し、ぶりを煮汁に沈める。蓋を開けたままひと煮立ちさせ、火を止めて蓋をして冷めるまで放置（余熱調理）する。

野菜を変えてアレンジ

staub recipe 69 ぶりごぼう

staub 20cm

大根をごぼうに変えたアレンジレシピ。ごぼうにもしっかり味がしみ込みます。ぶり大根でぶりの切り身を使う場合は、以下の作り方を参照してください。

[材料：2人分]
ぶりの切り身……2切れ
ごぼう……1本
しょうが……2かけ
しょうゆ……大さじ1・½
みりん……大さじ1・½
酒……大さじ1

1 ごぼうは3cm長さに切り、縦半分に切る。しょうがは薄切りにする。

2 鍋にしょうゆ、みりん、酒、ごぼうを入れて中火にかける。沸騰したらぶり、しょうがを入れ、ひと混ぜして蓋をする。蓋の隙間から蒸気が出たら、極弱火にして10分ほど加熱する。

staub recipe 70 いわしの梅煮

ほぐした梅ととろとろの煮汁をいわしに絡めれば、何杯でもご飯が進みそう。
じっくり煮込むことで、骨まで食べられる柔らかさになります。
長時間煮込む場合はオーブン調理を活用してください。

［材料：4人分］
いわし……4尾（約300g）
梅干し……4個
しょうが……1かけ
A
酒……大さじ2
みりん……大さじ2
しょうゆ……大さじ1
酢……小さじ2

1 いわしは頭を切り落としてひれと尾を取り、腹に切り目を入れて内臓と血合いを取り ⓐ、水でよく洗い流す。ペーパータオルなどで水けをよく拭き、3等分に切る。しょうがはせん切りにする。

2 鍋にAを入れて中火にかける。沸騰したらいわし、梅干し、しょうがを入れて蓋をする ⓑ。

3 蓋の隙間から蒸気が出たら、極弱火にして1時間ほど加熱する。火を止め、蓋をしたまま冷めるまで放置（余熱調理）する。

4 蓋を開けて中火にかけ、沸騰したら弱火でとろみがつくまで加熱する ⓒ。

ⓐ

ⓑ

ⓒ

オーブン調理の活用術

長時間煮込み調理をする場合は、オーブン調理がおすすめ。オーブンとストウブ本体の余熱を使う“余熱のダブル使い”で、肉はもちろん魚の骨まで柔らかく仕上がります。
オーブンの調理時間は、表記されている加熱時間の2/3ほどを目安にしてください。

☞「いわしの梅煮」の場合…手順3で蒸気が出るまで加熱した後、約140℃に温めたオーブンで40分ほど加熱し、庫内で冷めるまでそのまま放置（余熱調理）する。

繰り返し余熱調理の活用術

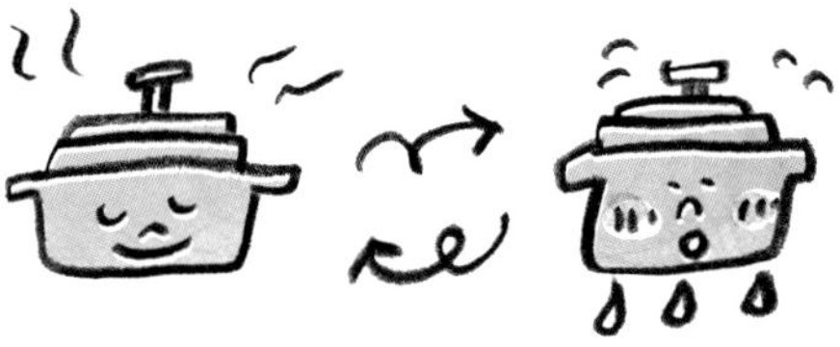

放置（余熱調理）した後、再び煮込む→放置（余熱調理）を繰り返すことで、食材がさらに柔らかくなります。コンロで煮込み続ける場合より、光熱費の削減にもつながります。

staub recipe 71 中華風海鮮炒め

食感の異なる食材を鍋に重ね入れ、
加熱すれば完成するとても簡単な炒め物。
好みの食材を加えたり、とろみをつけるなどアレンジの幅が広がる一品です。

staub 20cm

[材料：4人分]

むきえび	100g
ボイル帆立	4個（約120g）
にんじん	1/2本
生しいたけ	4個
たけのこの水煮	100g
青梗菜	1株
乾燥きくらげ	5g
塩	小さじ1
ごま油	大さじ1

1 帆立は半分に切る。にんじんは5cm長さのせん切りに、しいたけは薄切りに、たけのこは5cm長さの薄切りに、青梗菜は3cm長さに切る。きくらげはぬるま湯に5分ほど浸けて戻すⓐ。
2 鍋にごま油、にんじん、えび、帆立、きくらげ、しいたけ、青梗菜、たけのこの順に入れるⓑ。全体に塩をふり、蓋をして中火にかける。
3 蓋の隙間から蒸気が出たら、ひと混ぜする。

ⓐ

ⓑ

p.67、下記にアレンジレシピあり

中華風海鮮炒めをアレンジ

staub recipe 72 中華クリーム

クリーム仕立てにしたあんをご飯や麺にかけて一品料理に。
牛乳を加えてとろみをつけるので、半量でも食べ応え十分。

[材料：2人分]

中華風海鮮炒め（上記参照）	半量
牛乳	200mℓ
オイスターソース	大さじ1
水溶き片栗粉	
片栗粉	大さじ1
水	大さじ2

中華風海鮮炒めを小鍋に入れ、牛乳とオイスターソースを入れて中火にかける。沸騰したら火を止め、水溶き片栗粉を入れて混ぜ、とろみをつける。お好みでご飯（分量外・適量）にかける。

staub recipe **73**

いかの丸ごと煮

中に詰めたわたがとろっとして身は柔らか。
味がしっかりついているので、お酒にもご飯にもよく合います。
いかは目の上ぎりぎりを切るとわたが傷つきません。
20㎝ラウンドでも作れます。

staub 23cm

[材料：2人分]

いか（するめいか・小）……2はい
しょうが……1かけ
しょうゆ……大さじ2
みりん……大さじ2

1 いかは吸盤を取るように洗う。目の下を切って足を外し、くちばしを取り、目の上ぎりぎりの箇所を切って除く。わたを破らないように軟骨を取り除くⓐ。しょうがは薄切りにする。

2 鍋にしょうゆ、みりん、しょうがを入れて中火にかける。沸騰したらいかを入れⓑ、蓋をする。

3 蓋の隙間から蒸気が出たら、極弱火にして20分ほど加熱する。

staub recipe

74 スピードシーフードカレー

短時間調理ですが、魚介から旨みがたくさん出てきます。
あっという間に完成するので、忙しい時や時間がない時の調理に重宝します。
生クリーム（100㎖）を入れるとマイルドになります。

staub 20cm

［材料：4人分］

いか（大）……1ぱい
むきえび……100g
あさり（殻付き・砂抜きしたもの）……200g
トマト……1個
玉ねぎ……1個
しめじ……1袋（約160g）
カレー粉……大さじ2
塩……小さじ1
オリーブ油……大さじ1
ターメリックライス……茶碗4杯分

◎ターメリックライスの作り方

米（2合）、ターメリックパウダー（小さじ2）、塩（小さじ1）を鍋に入れ、「白米の炊き方」（p.88参照）と同様に炊く。

1 いかは下処理をして、足は3cm長さに、胴は1cm幅に切る。あさりは下処理をする。トマトと玉ねぎは1cm角に切る。しめじは石づきをとりほぐすⓐ。
2 鍋にオリーブ油を中火で熱し、玉ねぎを炒める。しんなりしたらえび、あさり、トマト、しめじ、カレー粉、塩を入れてひと混ぜしⓑ、蓋をする。
3 蓋の隙間から蒸気が出たら、極弱火にして5分ほど加熱する。いかを入れ、蓋を開けたままひと煮立ちさせる。器にターメリックライスを盛り、その上にかける。

ⓐ

ⓑ

staub recipe 75 えびのバタークリームカレー

具材はとてもシンプル。完成までに少し手間がかかりますが、
えびの殻から出る濃厚なだしとスパイスが合わさり、
食べ応えがぐんとアップします。

staub 20cm

［材料：4人分］

有頭えび（殻付き）……8尾
玉ねぎ……1個
にんにく……1かけ
A
　ターメリック……小さじ2
　クミンパウダー……小さじ2
　チリパウダー……小さじ2
生クリーム……200mℓ
バター……20g
酒……大さじ2
塩……小さじ1/2
オリーブ油①……大さじ1
オリーブ油②……大さじ1
ご飯……茶碗４杯分

1 えびは背わたを取り、洗ってペーパータオルなどで水けをよく拭き、身、頭、殻（足と尾）に分ける。玉ねぎとにんにくは繊維に直角に薄切りにするⓐ。

2 鍋にオリーブ油①を中火で熱し、えびの頭と殻を入れる。香ばしい香りがするまで炒め、酒を入れて蓋をする。蓋の隙間から蒸気が出たら、極弱火にして10分ほど加熱する。ざるで漉しながら木べらで潰しⓑ、えびのだしをとる。

3 2の鍋にオリーブ油②、にんにく、玉ねぎを入れて中火で熱し、玉ねぎがしんなりするまで炒める。Aを入れて軽く炒め、香りが出たら2のだし、えびの身、生クリーム、バター、塩を入れてひと混ぜし、蓋を開けたまま5分ほど加熱する。器にご飯を盛ってその上にかけ、お好みでみじん切りにしたパセリ（分量外・適量）を飾る。

staub recipe 76
ココナッツ・トムヤムクン

staub recipe 77

ブイヤベース風トマトスープ

staub recipe 76 ココナッツ・トムヤムクン

ココナッツミルクを加えると、
なめらかでマイルドな口当たりになります。
牛乳や豆乳に代えてもOK。
こぶみかんの葉を入れるとさわやかな風味がプラスされます。

staub 20cm

[材料：4人分]

有頭えび（殻付き）	4尾
セロリ	1本
たけのこの水煮	150g
トマト	2個
にんにく	1かけ
こぶみかんの葉	4枚
ココナッツミルク	1缶（400mℓ）
赤唐辛子	1本
ナンプラー	大さじ2
オリーブ油	大さじ1

1 えびは後ろ足と背わたを取り、洗ってペーパータオルなどで水けをよく拭く。セロリは斜め薄切りに、たけのこは1cm厚さの食べやすい大きさに、トマトは2cm角に、にんにくは薄切りにするⓐ。

2 鍋にオリーブ油、にんにく、半分に割った赤唐辛子を種ごと入れて弱火で熱し、香りが出たら中火にし、えび、セロリ、たけのこ、トマト、こぶみかんの葉、ナンプラーを入れてⓑ蓋をする。

3 蓋の隙間から蒸気が出たら、極弱火にして10分ほど加熱する。ココナッツミルクを入れ、ひと煮立ちさせる。

staub recipe 77 ブイヤベース風トマトスープ

野菜の旨みがしみ出たスープにサフランを加え、
ブイヤベース風に仕上げた野菜の甘味を感じるスープです。
野菜からしっかり水分が出るので、失敗なく作れます。

staub 24cm

［材料：4人分］

白身魚の切り身	4切れ（約400g）
※イサキや鯛など。あれば骨付きのもの	
有頭えび（殻付き）	4尾
あさり（殻付き・砂抜きしたもの）	200g
トマト	2個
玉ねぎ	2個
セロリ	1本
にんにく	1かけ
サフラン	ひとつまみ（0.2g）
塩①	小さじ1/2
塩②	小さじ1
オリーブ油	大さじ2

1 魚は塩①をふる。えびは足と背わたを取り、洗ってペーパータオルなどで水けを拭く。あさりは下処理をする。トマトは1cm角に、玉ねぎ、セロリ、にんにくは薄切りにするⓐ。
2 鍋にオリーブ油を入れて中火で熱し、えび、魚を入れて焼き目をつけるⓑ。にんにく、玉ねぎ、セロリ、トマト、あさり、サフラン、塩②の順に入れて蓋をする。
3 蓋の隙間から蒸気が出たら、極弱火にして20分ほど加熱する。

staub recipe 78 たことじゃがいものピリ辛煮

じっくり火を通したたこは、噛む力がいらないほどの柔らかさ。
長時間煮込むと煮崩れてなくなりがちなじゃがいもも
ストウブで加熱すれば、形を保ったまま中まで味がしみ込みます。

staub 20cm

[材料：4人分]

ゆでたこの足	300g
じゃがいも	2個
玉ねぎ	1/2個
にんにく	1かけ
赤唐辛子	2本
オリーブ	8個
トマトピュレ	200g
オリーブ油	大さじ1
塩	小さじ1

1 たこは3cm長さに切る。じゃがいもは4つ割りに、玉ねぎは粗みじん切りに、にんにくは薄切りにする。赤唐辛子は半分に切って種を除く。

2 鍋にオリーブ油、にんにく、赤唐辛子を入れて弱火で熱し、香りが出たらたこ、じゃがいも、玉ねぎ、オリーブ、トマトピュレ、塩を入れてひと混ぜしⓐ、中火にして蓋をする。

3 蓋の隙間から蒸気が出たら、極弱火にして45分ほど加熱する。火を止め、鍋が冷めるまで放置（余熱調理）する。

ⓐ

一粒一粒が旨みを含んだ絶品の炊き上がり

炊き込みご飯

ストウブで炊くご飯は絶品！　魚介を一緒に炊き込めば、
しみ出ただしと旨みを米がしっかり吸収し、
一粒ごとに味がしみ込んで、ふっくらつややかな炊き込みご飯に。
中に入れる野菜や組み合わせる調味料はアレンジできるので、
お好みの味付けを見つけてみてください。

staub recipe 79 いかわた飯

米にしっかり絡んだわたの風味が鼻から抜ける濃厚な味。
材料はシンプルですが、食べ応えがあり
柔らかく炊き上がったいかが、全体をまとめてくれます。
ほろ苦い、お酒にも合う大人の味です。
お好みでしょうがを加えても。

[材料：4人分]

するめいか（小）……………………1ぱい
いかわた…………………………………30g
白米…………………………………………2合
水※ ……………………………………300mℓ
しょうゆ……………………………大さじ1
酒………………………………………大さじ1
塩……………………………小さじ1と1/2

staub 20cm

※水の分量は、330からいかわたの重さを引いた数字＋mℓ（わたが30gの場合は、330−30＝300mℓを用意）。

1 ボウルに白米と水（分量外）を入れて洗い、すばやく水を捨てる。米がつかるくらいの水（分量外）に20分ほど浸水させ、ざるに上げて5分ほど置く。

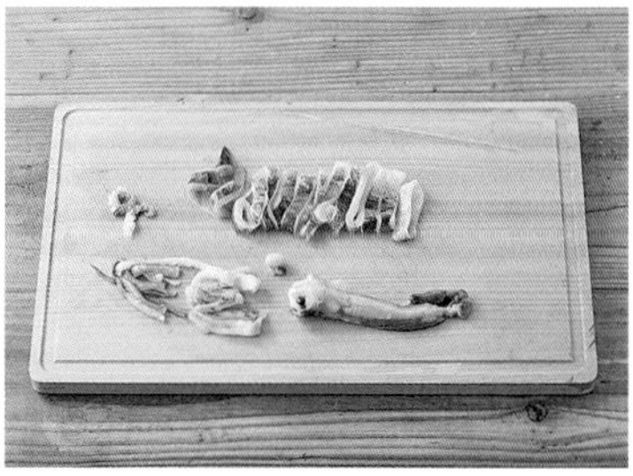

2 いかは下処理をして、足は3cm、胴は1cm幅に切る。わたの重さから水の分量を出し用意する。

3 鍋に1、分量の水、しょうゆ、酒、塩、わたを絞り入れ、中火にかける。

4 最初に小さな泡で沸騰し始める。

5 次第に全体から湯気が出て、ねっとりとした大きなシャボン玉のような泡が一部に出始めたら、しゃもじでひと混ぜする。

6 全体がしっかり沸騰したのを見届けたらいかをのせ、蓋をする。極弱火にして15分ほど加熱し、火を止めて蓋をしたまま10分ほど蒸らす。全体をさっくりと混ぜる。

staub recipe **80**

白米の炊き方

[材料：4人分]

白米…………………………………2合
水…………………………………360mℓ

staub 20cm

ボウルに米と水（分量外）を入れて洗い、すばやく水を捨てる。米がつかるくらいの水（分量外）に20分ほど浸水させ、ざるに上げて5分ほど置く。鍋に米と分量の水を入れ、蓋をせずに中火にかける。最初に小さな泡で沸騰し始め、次第に全体から湯気が出てねっとりとした大きなシャボン玉のような泡が一部に出始めたら、しゃもじでひと混ぜする。全体がしっかり沸騰したのを見届けたら蓋をする。極弱火にして15分ほど加熱し、火を止めて蓋をしたまま10分ほど蒸らす。全体をさっくりと混ぜる。

いかわた飯の具をアレンジ

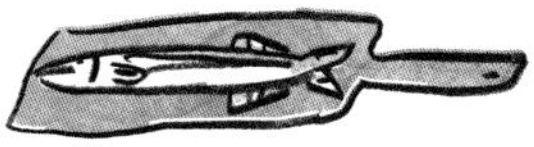

staub recipe 81

あさりきのこバターご飯

staub 20cm

いかわた飯とほぼ同じ作り方で、
中の具材を変えました。
こちらは洋風炊き込みご飯。
蓋を開けた時にただようバターの香りが
食欲を刺激します。

[材料 :4人分]

あさりきのこバターの具(p.15参照)……………半量
あさりきのこバターの煮汁(p.15参照)
……………………………………………半量(約110mℓ)
白米………………………………………………2合
万能ねぎ…………………………………………2本

1 ボウルに白米と水(分量外)を入れて洗い、すばやく水を捨てる。白米がつかるくらいの水(分量外)に20分ほど浸水させ、ざるに上げて5分ほど置く。
2 あさりきのこバターの煮汁を計量カップに入れ、水(分量外)を足して360mℓにする。あさりは殻を除く。ねぎは小口切りにする。
3 鍋に1、2の煮汁を入れて中火にかける。最初に小さな泡で沸騰し始める。ねっとりとした、大きなシャボン玉のような泡が一部に出始めたら、しゃもじでひと混ぜする。
4 全体がしっかり沸騰したのを見届けたら蓋をする。極弱火にして15分ほど加熱し、火を止めて蓋をしたまま10分ほど蒸らす。あさりきのこバターの具を入れ、全体をさっくりと混ぜる。器に盛り、万能ねぎをちらす。

staub recipe 82

さんま飯

staub 20cm

マンネリしがちな焼きさんまを
炊き込みご飯にアレンジしました。
脂がのった香ばしいさんまは、
焼き目も一緒に炊き込んで。

[材料 :4人分]

焼きさんま(p.41参照)……………………………2尾
白米………………………………………………2合
水………………………………………………330mℓ
しょうが(千切り)…………………………1かけ分
すだち(薄切り)……………………………………4枚
しょうゆ………………………………………大さじ1
酒………………………………………………大さじ1
塩………………………………………………小さじ1

1 ボウルに白米と水(分量外)を入れて洗い、すばやく水を捨てる。米がつかるくらいの水(分量外)に20分ほど浸水させ、ざるに上げて5分ほど置く。
2 鍋に1、分量の水、しょうゆ、酒、塩を入れて中火にかける。最初に小さな泡で沸騰し始める。ねっとりとした、大きなシャボン玉のような泡が一部に出始めたら、しゃもじでひと混ぜする。
3 全体がしっかり沸騰したのを見届けたらさんま、しょうがをのせ、蓋をする。極弱火にして15分ほど加熱し、火を止めて蓋をしたまま10分ほど蒸らす。
4 さんまの骨を取り除いてほぐし、全体をさっくりと混ぜる。器に盛り、すだちを飾る。

staub recipe **83**

帆立おこわ

staub 20cm

帆立とえびのだしをご飯が吸い込んだ、
彩りのよいボリュームのある一品。
もっちりしたおこわと枝豆の食感が楽しめます。

[材料：4人分]

ボイル帆立	100g
あみえび（干しえびでもよい）	5g
冷凍枝豆（解凍してむいたもの）	25g
もち米	1合
白米	1合
水	280㎖
しょうゆ	大さじ1
酒	大さじ1
塩	小さじ1

1 ボウルにもち米、白米、水（分量外）を入れて洗い、すばやく水を捨てる。米がつかるくらいの水（分量外）に20分ほど浸水させ、ざるに上げて10分置く。

2 鍋にもち米、白米、分量の水、しょうゆ、酒、塩を入れて中火にかける。最初に小さな泡で沸騰し始める。ねっとりとした、大きなシャボン玉のような泡が一部に出始めたら、しゃもじでひと混ぜする。

3 全体がしっかり沸騰したのを見届けたら、帆立とあみえびをのせⓐ蓋をする。極弱火にして20分ほど加熱し、火を止めて蓋をしたまま20分ほど蒸らす。

4 枝豆を入れ、全体をさっくりと混ぜる。

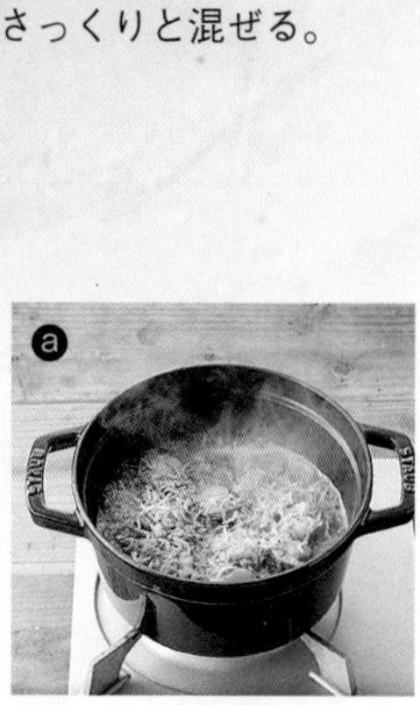

staub recipe **84**

たこピラフ

staub 20cm

ほどよい塩気の炊き込みピラフ風。
セロリと仕上げのオリーブ油でさわやかに仕上げました。
シンプルな味付けなので、
魚料理の付け合わせにもおすすめです。

[材料：4人分]

ゆでたこ	150g
セロリ	1/2本
白米	2合
水	360mℓ
オリーブ油	大さじ1
エキストラバージンオリーブ油	大さじ2
塩	小さじ1

1 ボウルに白米と水（分量外）を入れて洗い、すばやく水を捨てる。米がつかるくらいの水（分量外）に20分ほど浸水させ、ざるに上げて5分置く。たこは1cm角に切る。セロリは粗みじんに切る。

2 鍋にオリーブ油を中火で熱し、セロリを炒める。透き通ってきたら白米を入れ、米が熱くなるまで炒めたら（少し触って熱くなっていたら）ⓐ、分量の水、塩を入れる。

3 最初に小さな泡で沸騰し始める。ねっとりとした、大きなシャボン玉のような泡が一部に出始めたら、しゃもじでひと混ぜする。全体がしっかり沸騰するのを見届けたらたこを入れ、蓋をする。

4 極弱火にして15分ほど加熱し、火を止めて蓋をしたまま10分ほど蒸らす。エキストラバージンオリーブ油を入れて全体をさっくりと混ぜ、お好みで黒こしょう（分量外・適量）をふる。

ⓐ

staub recipe **85**

鮭のトマトリゾット

米にしみた鮭とトマトの赤色が鮮やか。
水分が多いので食べ応えがありますが、あっさりしているので重くならずに食べられます。
仕上げのパルミジャーノをたっぷりふって、キリリとしまる黒こしょうも忘れずに。

staub 20cm

[材料：4人分]

生鮭の切り身	2切れ
あさり（殻付き・砂抜きしたもの）	300g
トマト	1個
玉ねぎ	1/2個
白米	2合
熱湯	500mℓ
パルミジャーノレッジャーノ	30g
黒こしょう	少々
オリーブ油	大さじ1
塩①	小さじ1/2
塩②	小さじ1

1 トマトは1cmの角切りに、玉ねぎは粗みじんに切る。あさりは下処理をする。鮭は2等分に切り、塩①をふるⓐ。
2 鍋にオリーブ油を中火で熱し、玉ねぎを炒める。玉ねぎがしんなりしたら白米を洗わずに入れ、白米が熱くなるまで炒める。
3 熱湯、塩②を入れてひと混ぜし、全体が沸騰したら鮭、あさり、トマトをのせⓑ、再度沸騰したら蓋をする。極弱火にして15分ほど加熱する。
4 パルミジャーノレッジャーノを入れてひと混ぜし、器に盛る。黒こしょうをふり、お好みでエキストラバージンオリーブ油（分量外・適量）をかける。

ⓐ

ⓑ

staub recipe
86 海鮮パエリア

魚介、肉、野菜から出た旨みを吸い込んだ米が
適度な固さに炊き上がります。
口径が広いブレイザーは、水分が飛びやすいのでパエリアの調理に最適。
赤、緑、黄色の色鮮やかな食材が食卓を華やかに彩ります。
お好みで食べる時にレモンを絞っても。

staub 24cm

［材料：4人分］

有頭えび（殻付き）……4尾
あさり（殻付き・砂抜きしたもの）……200g
鶏もも肉……1枚
玉ねぎ……1個
黄パプリカ……1/2個
いんげん……4本
サフラン……ひとつまみ（0.2g）
白米……2合
水……330㎖
オリーブ油……大さじ3
塩①……小さじ1/2
塩②……小さじ1

1 えびは殻付きのまま後ろ足と背わたを取り、洗ってペーパータオルなどで水けを拭く。あさりは下処理をする。鶏肉は8等分に切り、塩①をふる。玉ねぎはみじん切りに、パプリカは小さめの乱切りに、いんげんは5cm長さに切るⓐ。

2 小鍋にサフラン、分量の水、塩②を入れ、沸騰させる。

3 鍋にオリーブ油大さじ1を入れて中火で熱し、えびの両面に焼き目をつけて取り出す。

4 同じ鍋で玉ねぎを中火で炒める。オリーブ油大さじ2と白米を洗わずに入れ、白米が熱くなるまで炒める。再度沸騰させた2を入れⓑ、鶏肉、3、パプリカ、いんげん、あさりをのせて蓋をする。

5 弱火にして20分ほど加熱する。途中、蓋の隙間から蒸気が出たら、極弱火にする。

大橋由香（おおはし・ゆか）

料理研究家、「ストウブビストロ　はるひごはん」店主。企業とのレシピ開発、雑誌やWEBでのレシピ紹介、フードコーディネート、イベント講師等で活動。月数回料理教室を開催。著書に『繰り返し作りたくなる! スープレシピ』（エイ出版社）、『「ひと手間」でおいしさと幸せひろがる 今夜はごちそう煮込み』（ナツメ社）、『はるひごはんのストウブ「ハレの日」レシピ』『ストウブはじめまして』（家の光協会）等がある。

ストウブビストロ はるひごはん
神奈川県厚木市幸町 1-14
http://haruhigohan.com/

調理協力……………………………… 山田陽菜、ふかのほのか、峯杏奈
協力……………………………………… 那須忠男
撮影……………………………………… 鈴木信吾（SKYLIFE studio）
スタイリング …………………………… つがねゆきこ
スタイリングアシスタント …………… 石堂さつき
アートディレクション・デザイン …… 藤田康平（Barber）
DTP …………………………………… 白井裕美子
イラスト ……………………………… 林舞（ぱんとたまねぎ）
編集……………………………………… 古池日香留

道具協力 …… STAUB（ストウブ）
ツヴィリング J.A. ヘンケルス ジャパン
0120-75-7155
https://www.staub-online.com
撮影協力 …… UTUWA
03-6447-0070

ストウブで無水調理《むすいちょうり》　魚介《ぎょかい》

食材《しょくざい》の水分《すいぶん》を使《つか》う調理法《ちょうりほう》／旨《うま》みが凝縮《ぎょうしゅく》した魚《さかな》のおかず

2020 年 1 月 17 日　発　行　　　NDC596

著　者　大橋由香《おおはしゆか》

発 行 者　小川雄一
発 行 所　株式会社 誠文堂新光社
〒113-0033　東京都文京区本郷 3-3-11
TEL　03-5805-7285［編集］
03-5800-5780［販売］
URL　https://www.seibundo-shinkosha.net/
印刷・製本　大日本印刷 株式会社

ISBN978-4-416-52029-1